# MANIFESTE

A LA

# RÉPUBLIQUE

FRANÇAISE.

# MANIFESTE

A LA

# RÉPUBLIQUE

# FRANÇAISE,

PAR M. DESSENON,

CHEF D'INSTITUTION A METZ.

*Suprema lex salus populi.*
La loi suprême c'est le salut du peuple.

NANCY,

CHEZ TOUS LES LIBRAIRES,

ET LES LIBRAIRES DES DÉPARTEMENTS VOISINS.

1848.

# MANIFESTE

A LA

# RÉPUBLIQUE

FRANÇAISE.

---

**LIBERTÉ, ÉGALITÉ, FRATERNITÉ.**

---

Cette devise, considérée dans sa réalité, n'est point originaire du monde, mais du ciel. Elle n'est point fille de l'homme, mais de Dieu. Elle est le fondement même de la grande république chrétienne. Cette devise consacrée par la vérité, mise sincèrement en pratique, ouvre non seulement pour la France, mais pour l'Europe, l'ère des plus glorieuses destinées. Mais si elle n'est qu'un vain mot, qu'une fiction, qu'un masque à la disposition de l'hypocrisie, de l'ambition, de l'insatiable cupidité : malheur à la France, malheur au monde !

Pratique des idées les plus fécondes et les plus sublimes : résultats immenses et incalculables pour le bien et la félicité commune ; pour les peuples, force, énergie, prospérité, grandeur, gloire et vitalité. Abus des idées les plus fécondes et les plus sublimes, après la magnificence des promesses : tromperie audacieuse, déception insupportable, mécontentement profond ; pour les masses, fermentation, soulèvement, orages, tempêtes, désastres. Plus le sommet de la montagne est élevé, plus la chute est mortelle. Telles les magnifiques promesses, tels les grands mots sans effets. Sans la consécration de la vérité, cette devise ne serait donc aux yeux de l'univers qu'un scandaleux mensonge ; qu'une insulte irritante aux sentiments généreux de tous les hommes libres ; qu'un leurre jeté aux peuples pour tromper iniquement leur attente ; qu'un ferment de récrimination et de vengeance.

Un gouvernement nouveau, qui agirait de la sorte, se porterait à lui-même les coups les plus dangereux. Tous les vrais citoyens sincèrement amis de la patrie, animés d'un zèle ardent pour son salut, doivent donc employer tous leurs efforts, concentrer comme dans un foyer toutes leurs lumières, pour faire passer à l'état de réalité ce qui vient d'être mis en ébauche.

Puissent les chefs du gouvernement les précéder dans la lice à pas sûrs et en quelque sorte à pas de géants ! Puisse la rapidité de leur marche devancer les vœux des véritables citoyens !

Que désireraient les partisans zélés de la vraie liberté ? C'est qu'en proclamant un principe, on vît apparaître le noble cortége de ses conséquences ; c'est qu'en proclamant des conséquences, on ne vît pas l'homicide intention d'enchaîner le principe, mais celle de le faire surgir sur un trône radieux. Vérité, sincérité : fondement de la confiance morale. Voilà le feu sacré capable d'électriser toutes les forces vives d'un grand peuple, voilà le moyen de concilier tous les partis, et de réunir comme dans un faisceau indissoluble toutes les puissances sociales.

Asseoir ainsi la confiance morale, c'est asseoir le crédit, c'est faire renaître comme par un coup de baguette magique la prospérité matérielle. Agir autrement, c'est engendrer la défiance, anéantir le crédit; c'est courir à un précipice inévitable; c'est y engouffrer la nation. Sans cette conduite, les grandes et magnifiques promesses ne sont que le prélude des plus sinistres événements.

Les mille réformes secondaires que vous vous proposez n'aboutiront qu'à tout désorganiser. Si vous négligez la grande réforme, vous n'êtes que des hommes éperdus dans vos voies, et la France n'a plus qu'une destinée : c'est de devenir la proie des vautours, c'est-à-dire, à l'intérieur des plus furieuses discordes, à l'extérieur des guerres les plus acharnées; c'est de devenir un théâtre de désolation.

Or, quand on ne voit personne élever dans un tel péril le cri d'un vrai et salutaire avertissement; quand on voit, pour ainsi dire, chacun pousser le char de l'Etat hors de la grande route et l'engager dans des chemins tortueux et sans issue, et cela avec une sorte de bonne foi et de désir du salut public, alors ne faut-il pas s'écrier : Le péril est grand, et d'autant plus grand qu'on cherche sa sauvegarde dans la perdition même. Quand on voit le char obéir aveuglément et avec impétuosité à cette impulsion fatale, ne faut-il pas redoubler les cris de détresse? Et qui pourrait garder le silence, en voyant l'incendie s'allumer de toute part? Celui qui conserve le moindre vestige de dévouement, d'amour pour la patrie, ne doit-il pas, n'est-il pas forcé malgré lui de pousser le cri d'alarme?

Vaines alarmes, direz-vous, vaines alarmes! Eh bien, j'en appelle à ce sentiment instinctif qui vous agite. Qui que vous soyez, c'est en vain que vous voulez user de dissimulation ; c'est en vain que vous voulez fermer les yeux ; c'est en vain que vous voudriez comprimer les battements de votre cœur : ces battements sont plus puissants que votre volonté que votre sécurité, que votre confiance. Car la fibre la plus vitale de votre cœur reçoit des vibrations dont vous ignorez le moteur. Oui, le dirai-je aux plus hardis, et j'en suis sûr : vous êtes alarmés et vivement alarmés. Impossible de s'endormir dans une fausse paix, devant ce pressentiment sinistre non d'un seul esprit, non d'un seul peuple, mais de tous les esprits, mais de tous les peuples.

Or, ce pressentiment lugubre de l'avenir, ce pressentiment général et universel a-t-il une signification, quand on voit cette impulsion secrète, mystérieuse et irrésistible qui n'invite plus, mais qui force toutes les tribus, toutes les nations à se lever de leur lit de repos, comme un camp réveillé en sursaut, à se tenir debout et prêtes à un grand appel, à un pressant commandement. Oui, oui, ce pressentiment, quoi qu'en disent les aveugles et les présomptueux, oui, ce pressentiment est un signe, ou la lumière n'est plus faite pour éclairer. Oui, ce pressentiment a une signification, ou l'histoire n'est plus que l'écho du mensonge ; car, témoins irréfragables, les annales du genre humain nous annoncent qu'il n'y eut jamais de grandes époques, d'événements majeurs pour la perte ou le salut des peuples, sans être pressentis universellement par un instinct inexplicable. Oui, ce pressentiment a une signification, ou il n'y a plus d'ordre providentiel. Car, Dieu, dans son vaste gouvernement, ne peut opérer parmi ses sujets les plus importantes réformes, sans les avertir au moins à demi-mot. Il n'a jamais agi autrement, donc il n'agira jamais autrement. Oui, ce pressentiment a une signification égale en profondeur à son intensité, à son universalité. Plus ce pressentiment est fort, puissant et universel ; plus les événements qui vont éclater seront frappants et immenses. Ce pressentiment a donc une signification. C'est donc un signe, et quel signe? Quand l'horizon est voilé en plein midi ; quel signe? Le signe précurseur des orages et des tempêtes les plus violentes ; le signe de la désolation et des désastres sur toute la route que les ouragans parcourent d'un vol impétueux. Quand l'horizon de l'avenir est voilé pour les intelligences ; quand tout le monde s'écrie : Que va-t-il arriver ? on n'en sait rien, dit-on : tout est à la garde de Dieu. Et, qu'est-ce qui est à la garde de Dieu? L'avenir. Quel avenir ? Un avenir chargé d'ouragans. Dans ce silence muet et glaçant, quel signe ? C'est un Dieu qui d'une main comprime l'implacable fureur des vents, qui de l'autre suspend et arrête le tonnerre. Dans la profondeur de ce silence, quel signe ? C'est l'arbitre suprême qui médite, qui contemple, qui attend. Et qu'attend-il ? Il attend la décision de l'homme. Car, Dieu pour se décider attend ordinairement la décision de l'homme. Dans cet instant solennel, qu'est-ce que Dieu attend ? Il attend la décision de la première nation du monde. Et de la manière dont elle se décidera, Dieu va décider de son sort et en partie de celui des autres peuples. Le moment est donc décisif et capital. Si la France se décide pour le bien, pour la vérité, pour la vraie liberté, qui n'est que la pratique du bien et de la vérité, honneur à la France, gloire à la France, salut à l'Europe. Dieu a arrêté ses vengeances, et sa colère est changée en rosée bienfaisante et féconde. Si la France se décide pour le mal, si elle méconnaît ses promesses de vraie liberté, si elle est infidèle à la vérité de cette devise : *Liberté, Égalité, Fraternité*, honte à la France, ignominie à la France, malheur à la France, malheur à l'Europe ! Dieu, dans tous les siècles et dans chaque siècle, frappe de son cachet prophétique chacune des sociétés. Et dans cette empreinte deux lettres, deux signes : l'un du mal, l'autre du remède. Impossible aux hommes d'éviter cet avertissement qui caractérise l'état des peuples. Dieu les force à comprendre malgré eux. Pour cela il soulève les montagnes ou il fait descendre la foudre, et, les glaçant d'épouvante, il oblige malgré elles et en dépit de leurs aversions les puissances à promettre aux peuples des remèdes à leurs maux. Depuis un siècle, incrédulité inouïe! prosélytisme furieux de toutes les erreurs ! guerre d'un acharnement opiniâtre à la vérité ! Les hommes ne voulant plus, n'osant plus parler la vérité, Dieu a commandé aux pierres mêmes de parler, de faire la leçon aux hommes. *Quia si hi tacuerint, lapides clamabunt* (Luc, XIX, 40). Et, il y a dix-huit ans, à l'ordre d'en haut les pavés se sont soulevés. Et leur voix a hurlé d'un hurlement si épouvantable, Vérité, vérité, que les plus infâmes hypocrites et les ennemis les plus irréconciliables de la vérité ont été saisis d'effroi, et se sont vus contraints de répéter : Vérité, vérité, charte-vérité ! Et comme ils ont menti à la vérité, comme ils ont voulu l'étouffer dans son essor, les pavés irrités et vengeurs à la voix de Dieu se sont de nouveau soulevés pour les écraser et pour hurler d'une manière si terrible, Vérité, liberté, égalité, fraternité, qu'ils ont forcé les gouvernants actuels de répéter Vérité, liberté, égalité, fraternité, et d'inscrire sur leur étendard : Liberté, égalité, fraternité. Donc dans les sociétés actuelles manque de vérité, et, en effet, incrédulité presque générale; donc manque de liberté, et, en effet, esclavage inoui des intelligences; donc manque d'égalité, et, en effet, les injustices les plus odieuses, les inégalités les plus choquantes; donc, manque de fraternité, et, en effet, tous les germes et les résultats de l'anarchie en toutes choses. Donc vérité, liberté, égalité, fraternité. Dieu exige donc plus aujourd'hui qu'il y a dix-huit ans, parce que les nations sont plus coupables. Et si l'hypocrisie et la lâcheté osent encore mentir et tenter d'étouffer la liberté, l'égalité et la fraternité, Dieu ne commandera plus à la terre de parler, mais au ciel, plus aux pierres, mais à la foudre. . . .

Mais, dira-t-on, que faudrait-il faire? Il faut faire ce que Dieu veut et désire. Que peut-il vouloir et désirer? Ce qu'il veut, c'est la liberté, c'est l'égalité, c'est la fraternité; non dans des mots, non dans des vaines et fictives proclamations, mais dans la vérité; mais dans la sincérité de la vérité; mais dans la vérité de la réalité. Il le veut ainsi, car il réprouve le mensonge et les menteurs. Il le veut ainsi, car il réprouve l'hypocrisie et les hypocrites. Il le veut ainsi, car il réprouve la fausseté des promesses et les faussaires, ceux qui promettent toujours et ne donnent jamais. Ce qu'il veut, c'est la liberté dans toute l'étendue et la plénitude de la vérité; car celui qui a donné la liberté, peut-il en être l'ennemi et ne pas en vouloir la réalité? Voilà ce qu'il veut, dirai-je aux ministres et aux représentants de la République. Voilà ce qu'il veut et ce qu'il vous importe de vouloir avec lui; car, sans cette condition, vous périssez tous avec la République. Vous périssez tous comme les trois dynasties qu'il vient d'engloutir successivement dans le néant ; parce qu'elles n'ont point voulu la liberté ; parce qu'elles n'ont point voulu ce qu'il voulait ; parce qu'elles n'ont été que les ennemies déclarées ou hypocrites de la liberté ; parce que par malice préméditée, ou par une lâche faiblesse, elles ont enchaîné ces deux filles issues d'en haut : la vérité et la liberté.

Ce que veut le souverain arbitre de l'univers, c'est par conséquent la proclamation et la réalisation de toutes les libertés véritables ; la proclamation et la réalisation de la liberté d'enseignement, mère et principe de toutes les libertés ; par conséquent l'abolition, la destruction d'un monopole honteux, oppressif et injurieux à la vraie République. Or, de cette liberté, qu'en a-t-on fait jusqu'ici ? Pas une promesse, pas la moindre manifestation, pas un mot, pas la moindre velléité en sa faveur. Où est-elle encore ? gisante dans un tombeau. Eh bien ! savez-vous ce que vous faites en l'inhumant et en la laissant inhumée ? Vous vous inhumez vous-mêmes et vous restez inhumés ; vous restez impuissants et vous paralysez toute la puissance de la nation. Vous restez stériles, parce que vous refusez d'obéir à la grande voix populaire, qui n'est que l'écho de la voix de Dieu.

Dans un moment aussi décisif, attendre c'est reculer, c'est vouloir marcher, mais en vain, contre les flots impétueux d'un torrent. Dans un moment aussi décisif, marcher de tergiversation en tergiversation, c'est courir à la déconfiture ; c'est frapper d'un même coup la confiance et le crédit, c'est jeter dans les esprits une perturbation profonde, une défiance irréparable, c'est marcher à un abîme, c'est y faire marcher toute la nation. Or, tel est l'inévitable et effrayant résultat, si vous ne montrez qu'une liberté chancelante, mal assise, ou plutôt sans assise après tant d'efforts et de promesses.

Or, peut-il y avoir de liberté sans liberté d'enseignement? Peut-il y avoir liberté d'enseignement, quand on voit constamment peser le poids du fisc, le poids de l'oppression sur la parole, sur l'expression de la pensée, sur ce que l'homme a de plus propre, de plus intime, de plus personnel, de plus à lui, de plus libre, de plus indépendant, de plus sacré? Peut-il y avoir liberté, citoyens, quand on voit un esclavage plus honteux que celui des nègres? Ici servitude, oppression du corps; là, servitude de l'âme, confiscation des droits de l'intelligence et de ses facultés, de ce que Dieu a donné de plus noble, de plus sublime à l'homme, de ce don sacré auquel il n'ose toucher lui-même. Oppression de l'intelligence et de ses droits; n'est-ce pas attaquer l'homme dans sa personnalité, n'est-ce pas attaquer la société dont cette personnalité fait le fondement? N'est-ce pas attaquer Dieu dans son chef-d'œuvre? Attaquer l'homme dans sa personnalité, n'est-ce pas attaquer la société par sa base, Dieu dans son œuvre la plus belle? N'est-ce pas mettre tout en question? N'est-ce pas appeler sur soi, la vindicte individuelle, sociale et divine? Et après un phénomène aussi incompréhensible, aussi inexplicable, qui révolte la conscience de l'homme privé, la conscience publique, la raison de Dieu, on oserait parler de souveraineté du peuple!

C'est donc un roi enchaîné ce peuple, c'est plus qu'un roi enchaîné. Car ici, c'est à la fois son intelligence, son jugement, sa pensée, sa conscience rouées sous le char de la servitude. On dira : Ceci est sans conséquence. Et moi, je me permettrai de vous répondre que si cela est sans conséquence, rien ne peut plus en avoir. Et moi, je vous dirai que cet état de choses porte dans ses flancs les plus terribles conséquences.

Savez-vous ce qu'il y a de plus terrible, de plus funeste à un gouvernement, non point seulement à son début, mais même à l'apogée de sa puissance? c'est de manquer de logique. Et la raison principale et première de leur bouleversement, de leur chute, c'est le manque de logique; c'est l'infidélité à leurs promesses. La logique n'est pas sans doute une puissance visible et saisissable, mais c'est une puissance qui domine toute puissance, qui brise et chasse devant elle toute puissance.

Dans les circonstances critiques, les hommes doivent donc marcher d'un pas sûr, ferme, mesuré, et inébranlable; et pour cela, il leur faut toute la plénitude de la liberté. Et comment avoir cette plénitude de la liberté sans la liberté d'enseignement, principe de toute liberté ? Car, sans cette liberté, point de liberté, point d'égalité, point de fraternité, point de République possible. Voilà mes conclusions, qui vont être appuyées sur des pièces de conviction invincibles par leur force et leur poids.

Sans liberté d'enseignement, point de libertés réelles et véritables; point de liberté de conscience; point de liberté de penser; point de liberté des cultes; point de liberté individuelle; point de souveraineté du peuple.

**Sans liberté d'enseignement, point de liberté de conscience véritable et réelle.**

Qu'est-ce que la liberté de conscience envisagée dans sa nature ? Est-ce le droit de proposer pour fin à sa pensée le vrai ou le faux ; de préférer même, si cela nous fait plaisir, le mensonge à la vérité? Mais alors une telle liberté est une protestation contre la vérité ; et la vérité, à son tour, proteste contre une telle liberté. Est-ce le droit de proposer pour fin, à sa volonté, le mal ou le bien ? Mais alors une telle liberté devient une protestation contre la réalité, et la réalité, à son tour, proteste contre une telle liberté. Est-ce le droit de ne mettre aucune différence entre le vice et la vertu ; de préférer même le vice à la vertu ? Mais alors, une telle liberté devient une protestation contre la morale, et la morale, à son tour, proteste contre une telle liberté. Est-ce le droit de mettre sur la même ligne le crime et le mérite, de donner même la préférence au crime? Mais alors une telle liberté ne devient-elle pas une protestation contre toutes les lois divines et humaines, contre le Code français, contre la législation des peuples anciens et modernes ? Est-ce le droit d'admettre le blanc comme le noir ; d'adopter aujourd'hui un dogme et de le répudier le lendemain ; de n'avoir d'autres règles de ses croyances qu'une indépendance absolue? Alors, une telle liberté n'est-elle pas une protestation contre la liberté de conscience, contre la conscience même, ou plutôt n'en est-elle pas la destruction radicale? Or, une liberté dont la nature proteste contre la vérité, contre la réalité, contre la morale, contre toutes les lois divines et humaines, contre toute autorité, contre la conscience elle-même, ne peut être ni liberté vraie, ni liberté réelle, mais liberté fausse, mais libertinage de la conscience. Elle ne peut être un droit, car le droit doit avoir un fondement ; et il n'y peut y avoir de fondement où il y a absence de vérité, de réalité : car, où il y a absence de réalité, il y a absence d'être ; où il y a absence d'être, il n'y a plus que le néant ; et le néant ne peut être la base d'aucune chose. Peut-il y avoir droit en un point contre lequel tout proteste, et la vérité, et la morale, et la conscience, et toutes les lois, et toute autorité, et la liberté même ?

La liberté de conscience ainsi envisagée est-elle autre chose que le libertinage effréné de l'esprit ? Sans foi comme sans règle, sans raison comme sans loi, l'intelligence humaine ne devient-elle pas semblable à une frêle nacelle lancée sur une mer toujours bouleversée ? Une telle liberté ne devient-elle pas la source de tous les forfaits, la mère de tous les scélérats, des brigands, des assassins ? Au lieu de donner la vie à la conscience, ne lui porte-t-elle pas un coup mortel ? La liberté de conscience ainsi entendue, nous le demandons aux hommes auxquels il reste quelques lueurs de raison, est-elle, oui ou non, le suicide de la liberté de conscience, le suicide de la conscience même ? Et cependant, citoyens, la liberté de conscience ainsi entendue, où est-elle prêchée ? Dans les institutions, dans les cours, dans les livres, dans les pandectes, produits par les partisans de l'inique et scandaleux monopole. Après cela, est-il étonnant que ceux qui rejettent la vraie liberté de conscience, rejettent la liberté d'enseignement ? Mais ils ont beau la repousser : une main invisible a inscrit sa loi dans les cœurs, et il en reste encore des vestiges si ineffaçables, que personne ne saurait méconnaître, d'après son exposé, la vraie liberté de conscience.

Qu'est-ce que la conscience? La conscience est à la fois une lumière et un sentiment intérieur. Une lumière, qui fait distinguer le vrai d'avec le faux, la vérité de l'erreur. Un sentiment de l'impression de la lumière, sentiment qui nous fait approuver ce qui est bon, désapprouver ce qui est mal; sentiment qui nous fait fuir le vice et rechercher la vertu. En un mot, la conscience n'est rien autre chose que le sentiment éclairé du devoir, de ce qui lui est conforme ou opposé.

La liberté de conscience consiste donc à pouvoir pratiquer librement son devoir, c'est-à-dire sans contrainte, comme sans opposition. J'ose le demander aux hommes même du plus simple bon sens, la liberté de conscience ainsi admise existe-t-elle? Peut-elle exister avec le monopole? Non, la chose est impossible. Quel est le droit sans droit du monopole? D'enseigner tout ce qu'il veut, tout ce qui lui plaît, ou la vérité, mais la vérité sans motif, la vérité sans autorité, ou l'erreur mais sans contrôle; le vice même, la corruption même, le crime même sans l'ombre de répression. C'est donc ici forcément, pour le monopole, la liberté d'enseignement que le monopole repousse. Que dis-je, liberté, c'est plus que de la liberté. C'est la liberté sans dépendance de la vérité, ni sans but pour la vérité. C'est donc l'indépendance absolue dans l'enseignement, ou plutôt c'est l'enseignement absolu de l'erreur, ou plutôt c'est le pouvoir absolu d'enseigner toute erreur et rien que l'erreur.

Et qu'est-ce, ô ciel! qu'une liberté en insurrection

contre toute règle, contre toute loi, toute autorité, toute morale, en insurrection contre la conscience humaine, contre la divinité même? N'est-ce pas une liberté excessive? Est-ce bien encore liberté? Non, mais libertinage. Et ce qu'il y a de providentiel, c'est que le monopole ne veut cette liberté que pour lui-même, et Dieu veuille la lui conserver. Mais quant à la liberté d'enseigner la vérité, il n'en veut point, il ne doit point en vouloir, parce que la vérité est un anathème contre la tyrannie et l'iniquité de la tyrannie. Et en effet, dans l'enseignement du monopole, dans ses cours, dans ses écrits, que trouvez-vous? que pouvez-vous trouver? L'erreur et toutes les erreurs, l'hérésie et tous les délires de la raison; rationalisme, éclectisme, naturalisme, progressisme, indifférence, panthéisme, pyrrhonisme, communisme, athéisme, qui est le dernier mot des sociétés religieuses, comme le communisme est le dernier mot des sociétés politiques. Mais allez-vous rendre l'enseignement responsable de toutes les erreurs? Oui et non. Oui, le monopole inique dans son principe n'a pu produire qu'injustice. Oui, le monopole hypocrite, tyrannique, impie dans son principe n'a pu et n'a dû produire que mensonge, tyrannie erreur et impiété. Impossible d'engendrer que ce qui a été conçu. Non, car les hommes et l'Université ont été victimes d'une loi presque fatale, presque irrésistible. Non, parce qu'elle a été forcée de vivre, comme malgré elle, sous un régime qui eut pour principe le monopole inique, liberticide et impie. Non, parce que les hommes sont faits plus par la circonstance que par eux-mêmes. Non, parce que le crime est plus ici dans l'entraînement inexorable des circonstances, dans l'humaine faiblesse, que dans la volonté. Justice à qui de droit, et même, plus justice à ses adversaires qu'envers tout autre ; impartialité envers tous, et plus encore qu'avec tout autre, à l'égard de ses frères ennemis, à l'égard de frères plus malheureux que coupables. Respect pour toutes les personnes, parce qu'elles sont l'œuvre de Dieu ; estime et amour des hommes, parce qu'ils sont frères par le Christ, un dans le Christ. Fraternité entre tous, parce qu'à sa grande heure le Christ a prié pour tous et spécialement pour ses bourreaux, et avec titre, parce qu'ils ont plus besoin de miséricorde, et avec titre parce que les ennemis de Dieu sont les plus grands ennemis de la société ; parce que les plus grands ennemis de la société sont à eux-mêmes leurs plus grands ennemis ; et avec titre, parce qu'ils sont le plus grand obstacle à l'expansion de la liberté et de la fraternité universelle. Respect aux hommes, estime et amour des hommes, charité indulgente pour ses ennemis. Mais pour le monopole point de grâce, parce qu'il est la mort de tous et de tout, mort en première ligne des rois, mort en seconde ligne des universitaires, mort en troisième ligne de la nation. S'il tombe par force violente, les premiers qu'il écrasera seront les universitaires. S'il tombe librement, les premiers délivrés seront les membres de l'Université. Travailler contre le monopole, c'est donc travailler dans l'intérêt de tous, et en premier lieu dans celui des universitaires. Et à ce titre, notre hostilité est donc pour les universitaires surtout, fraternité, charité. Notre hostilité est donc le plus haut, le plus sublime hommage à la liberté de tous, à l'égalité en tout, à la fraternité entre tous. Justice à qui de droit. Mais honte au tyran qui a conçu et enfanté. Non, toute culpabilité n'est pas aux universitaires; mais ignominie au tyran, qui en enfantant a creusé son tombeau, le tombeau de deux monarchies, le tombeau de l'Université et peut-être le tombeau de la République, le tombeau de la France. Non, mais sera-ce dans de telles écoles, citoyens, qu'ira se former la conscience de nos jeunes enfants? Au milieu de ce chaos d'erreurs, de ce labyrinthe de mille doctrines, de ce *barathre* de tous les faux systèmes? Le jeune arbre pourra-t-il tenir contre la fureur de ces vents impétueux de tout genre d'hérésies, qui meurent et renaissent à chaque instant? Que va-t-il devenir, je vous le demande et vous le redemande, ce sentiment éclairé du devoir? Où est la lumière qui éclaire? Où est le sentiment qui dirige? Où est la règle qui maintient? Que va-t-elle devenir, la conscience de nos pauvres et tendres adolescents? Morcelée en mille lambeaux. Et cependant, pas de milieu, il faut que la conscience de vos enfants périsse. Avez-vous le choix ou la force contre le choix? Ni l'un, ni l'autre; donc, il faut absolument que la conscience de vos enfants périsse. Car il faut, selon l'énergique expression d'un ministre de la République, il faut que vous subissiez la grande souffrance. Il faut que la conscience de vos enfants soit opprimée. Il faut que vos fils soient déportés dans ces lieux que vous regardez comme des lieux de perdition. Il faut qu'ils soient enrégimentés dans un camp ennemi, et pour servir l'ennemi. Où donc est la liberté de conscience pour vos enfants? Où est la liberté de conscience pour vous-mêmes? ô infortunés parents! vous qui êtes chargés par la Providence d'une portion qui vous paraît plus chère que vous-mêmes, et dont, pour cette raison, on vous demandera compte âme pour âme. Où est la liberté de votre conscience? vous qui êtes forcés ou qui vous croyez forcés d'agir contre votre conscience. Où est votre conscience? vous qui vous croyez obligés de sacrifier la conscience de cette portion plus chère que vous-mêmes. Ah! je vous entends, vous ne voulez pas, dites-vous, anéantir leur avenir, vous ne voulez pas les frapper de mort sociale. Cruel devoir! Mais, pour éviter une cruauté, vous devenez mille fois plus cruels, et vous les frappez de la mort morale, de la mort éternelle. Pour éviter les calamités publiques, les Celtes et les Carthaginois avaient jadis la féroce coutume de vouer leurs enfants aux dieux infernaux en les jetant dans des fournaises ardentes : aujourd'hui, progrès raffinés de barbarie! on se fait l'habitude inhumaine, et même une espèce de gloire et de plaisir, pour éviter une perte privée, de précipiter non plus le corps, mais l'âme de ses enfants dans les flammes dévorantes. Les atrocités du paganisme ne sont plus qu'un jeu aux yeux de la civilisation moderne. Tyrannie de l'enseignement. — Tyrannie et suicide de la conscience de la jeunesse. — Tyrannie et suicide de la conscience des familles.—Tyrannie et suicide de la conscience publique. — Suicide de la conscience publique. — Suicide de la nation.

Aussi, aujourd'hui corruption au dernier degré de l'échelle, plus de conscience publique, plus de conscience nationale. Donc, mort du monopole ou mort de la nation.

Donc proclamer la liberté de conscience, c'est proclamer inexorablement la mort du monopole. Après cette proclamation, laisser le monopole subsister, c'est une proclamation de mort contre la liberté de conscience, c'est une proclamation de mort contre tout un peuple, contre la patrie. Eh bien, si nous paraissons trop sévères, pour un instant soyons indulgents. Eh bien, admettons pour un instant la liberté de conscience telle que l'entend le monopole. Soyons indulgents! Que dis-je, indulgents? Mais je vois apparaître des conclusions encore plus terribles, encore plus formidables. La liberté de conscience selon le monopole; c'est la liberté 1° de penser, 2° de croire ce que l'on veut.

1° De penser ce que l'on veut, c'est-à-dire liberté de ne recevoir nos connaissances et notre science, objet de la pensée, de personne; pas même d'un père, pas même d'un prêtre, pas même de l'autorité souveraine, pas même d'un pape, pas même de Dieu. Mais tout à coup, à côté de cette proclamation de l'indépendance absolue de la pensée, par le fait vous établissez servitude complète, absolue de la pensée, pour servir sans doute de contre-poids au premier excès. Libre à vous de repousser les enseignements de vos pères, de vos mères, de vos prêtres, de vos pontifes, de votre Dieu. Que dis-je, libre à vous? point du tout, force à vous, nécessité à vous, de repousser cet enseignement. Force et nécessité à vous de recevoir de moi et vos connaissances et votre science. Sans moi, point de connaissances, de doctrines et de science. Il faut que vous passiez par mes filières inexorables, il faut quevotre pensée plie sous les fourches patibulaires de mon enseignement. Il faut que vous receviez de moi la tyrannie de votre pensée, de ce que vous avez de plus intime, de plus sacré, de plus indépendant. Tyrannie de la pensée, suicide de la pensée, suicide de l'intelligence, suicide des sociétés. Car, sans liberté de la pensée et de la conscience, plus de morale, plus de religion; plus de religion, plus de liens sociaux; plus de liens sociaux et de principes directeurs, plus de Dieu ; plus de Dieu, mort et néant.

Donc, l'empire du monopole, c'est l'empire de la ruine et de la désolation, c'est le royaume de l'abîme. Toujours l'inévitable et redoutable conclusion.

2° Liberté de croire ce que l'on veut. Selon le monopole, liberté de ne recevoir de croyances de personne, ni de vos pères, ni de vos prêtres, ni de vos pontifes, ni de votre Dieu. Libre à vous, que dis-je? force à vous de n'en recevoir de personne; force à vous, si vous en avez reçu, de les abjurer ; force à vous de recevoir mes croyances, sous peine de mort civile. Force à vous, oui, force à vous de recevoir les croyances de ma main, et je n'en donne aucune ; force à vous de croire à mon symbole, et je suis la destruction de tout symbole ; force à vous de recevoir pour croyance l'erreur, pour raison le délire, pour doctrine le fatras de mon orgueil philosophique, indifférence, athéisme ; force à vous de recevoir la mort de votre raison et de votre foi. Puissance de mort ! quelle est ta cruauté et ta barbarie ? Tu proclames en théorie la liberté absolue des croyances, et en même temps tu établis en pratique la servitude absolue, la négation complète, la destruction entière de toutes croyances. Royaume d'impiété ! Quelle est ton affreuse désolation ! mort de mon intelligence, mort de ma volonté ; plus donc qu'un pas pour rendre l'homicide complet. . . . . . . . .

Or, j'ose le demander, quand le suicide intellectuel et moral sera complet, à quel apogée du désordre sera monté l'ordre social ? Que vous disent ces ferments désorganisateurs qui bouillonnent depuis longtemps dans le sein des sociétés ? Que vous disent ces secousses épouvantables ? Que vous disent tous les peuples insurgés et levés comme un camp dans l'attente ? Que vous dit ce bruit sourd, ce tintement sépulcral de la panique universelle ? Refuserez-vous toujours de prêter l'oreille au roulement du tonnerre qui précède l'ouragan ? Ne reconnaîtrez-vous jamais la cause de vos maux ? La cause de vos maux, eh ! vous ne le voyez pas ? la cause de vos maux est dans l'iniquité du monopole de l'enseignement. Le remède de vos maux est donc dans la destruction du monopole. L'inflexible rigueur de la logique vous le montre. Mais la lumière ne doit-elle briller que pour éclairer votre indomptable endurcissement, que pour éclairer une vaste plaine remplie d'ossements funèbres ?

Sans liberté d'enseignement, point de liberté de conscience ; ruine de la conscience et de sa liberté, nous l'avons montrée. Nous ajoutons :

## Sans liberté d'enseignement point de liberté de pensée.

Qu'est-ce que la pensée ? C'est le miroir de l'âme. Qu'est-ce que la parole ? L'expression, la figure et l'image de la pensée. Donc, la pensée peut être considérée sous deux rapports, sous le rapport de sa simplicité et de sa forme ; donc, deux espèces de pensées : pensée simple et pensée complexe ; pensée intérieure et pensée extérieure. Sur la pensée intérieure, Dieu seul a l'empire et peut seul avoir empire. Car, par la même raison qu'elle est simple, elle est insaisissable et inaccessible à toute autre puissance. La pensée extérieure, par sa forme, rentre dans le domaine de toutes puissances formelles. S'il s'agit de la pensée intérieure, en quoi consiste sa liberté ? Est-ce dans le droit de s'armer dans son for intérieur de projets funestes ou homicides contre la vérité, contre la foi, la morale, contre la vertu, les lois et les autres créatures ? Est-ce dans le droit de faire prévaloir le crime et le vice ? Peut-il y avoir droit pour le vice et le crime ? Peut-il y avoir droit où il n'y a pas de fondement ? Peut-il y avoir liberté où il n'y a pas de droit ? Si cela pouvait être, il faudrait dire que le vice et le crime, quoique non manifestés, sont libres. Mais par là même, qu'un acte même intérieur est vicieux ou criminel, n'est-il pas prohibé par une loi intérieure, par la puissance morale et invincible de Dieu, qui s'exprime par la conscience. Or, ce qui est contraint, enchaîné n'est plus libre. Donc, pour le crime et pour le vice, même à l'état de pensée, point de liberté. Dans toutes les langues, comment est nommé l'action du vice et du crime ? Liberté ? non, mais libertinage, ou abus de la liberté ; ce qui signifie déviation, éloignement de la liberté, extinction de la liberté. La liberté de la pensée intérieure ne consiste donc et ne peut consister que dans sa conformité volontaire avec la vérité, la foi, la morale, et les lois divines et humaines.

S'il s'agit de la pensée exprimée, quelle est sa liberté ? Est-ce le droit de s'insurger contre la vérité ou le mensonge, contre la vertu ou contre le vice, contre la morale ou contre le crime, contre les lois ou contre l'iniquité ? Est-ce le droit de faire prévaloir le mensonge, le vice et le crime ? Mais contre un tel droit s'élève la vérité. Il ne lui reste donc aucune base. Car, dire mensonge, vice, immoralité, crime, c'est dire iniquité. Or, le propre de l'iniquité, c'est de n'avoir aucun droit, puisqu'elle est la destruction même du droit et de la justice qui en est le fondement. Donc, en principe, aucun droit, ni pour le mensonge, ni pour le vice, ni pour le crime. Contre un tel droit s'élèvent non seulement la vérité, la justice, et la puissance humaine, mais à défaut de toute puissance, et d'une manière constante, la puissance divine qui frappe un tel droit dans son effet et le déclare de nullité absolue : donc, par la force d'aucune conséquence ne peut exister de droit, ni pour le vice, ni pour le crime. Or, où il n'y a pas de droit, ni en vertu d'un principe, ni en vertu d'une conséquence, ne peut exister de liberté ; il n'y a pas liberté là où il y a prohibition de l'acte, obstacle à l'acte. Donc la pensée exprimée par la parole, les gestes et les autres signes, en faveur du mensonge, du crime et du vice n'est point liberté, mais libertinage. Car son objet est mensonge, vice et crime. Pour cette pensée, ni liberté, ni droits existants, ni possibles, non par le fait, mais par la réalité. La liberté de la pensée exprimée consiste à faire prévaloir volontairement la vérité et la foi, la morale et la vertu, le respect des lois divines et humaines.

Or, sous ces deux rapports, la liberté de la pensée peut-elle exister avec le monopole de l'enseignement ? La liberté réelle de la pensée, comme nous l'avons vu ,consiste à faire prévaloir volontairement, à l'intérieur ou à l'extérieur, la vérité et la foi, la morale et la vertu, le respect des lois divines et humaines. Or, l'enseignement du monopole est, comme nous l'avons prouvé, la destruction directe de toute vérité, n'enseignant qu'erreur destructrice de toute foi, n'enseignant qu'impiété destructrice de toute morale, prêchant contre tous les dogmes, contre toute loi, n'inspirant que mépris de toute autorité.

Et de plus, le monopole proclame l'indépendance absolue de la pensée, son indépendance de la vérité, de la vertu; indépendance de la pensée par rapport à la vérité, par rapport à la foi, à la vertu, à la morale et à toute autorité, même divine. Cette indépendance absolue, que signifie-t-elle? que la pensée est absolument indépendante ou supérieure à tout objet. Dans le premier cas, elle est donc indépendante de Dieu, elle anéantit donc le domaine souverain de la Divinité; mais, en détruisant le domaine de Dieu, ne détruit-elle pas son propre domaine? En effet, qu'est-ce qu'une pensée sans objet? Une pensée sans objet, c'est la nullité complète, l'anéantissement direct de la pensée, c'est l'alliance de l'impiété avec le suicide. La pensée supérieure à tout objet! elle est donc supérieure à Dieu; elle veut donc, à l'instar de l'ange déchu, asseoir son trône au-dessus de celui du Créateur.

D'une part, indépendance orgueilleuse, absurde, impie; de l'autre, indépendance destructive de toute liberté de la pensée, destructive de la pensée elle-même.

Après avoir détruit l'empire de Dieu sur la pensée intérieure, après avoir détruit l'empire de toute autorité légitime sur la pensée extérieure, que va faire le monopole? Par une usurpation sacrilége, il s'arroge l'empire même de Dieu sur la pensée intérieure; par une usurpation criminelle, il usurpe l'empire souverain de toute autorité légitime sur la pensée extérieure. C'est la tyrannie la plus hautaine et la plus odieuse.

A la place de l'autorité légitime, le monopole impudent ose vous dire : Pour votre pensée, point d'autre liberté que celle que je lui donnerai; point de liberté pour la vérité, objet naturel de la pensée, mais liberté pleine et entière pour le mensonge; point de liberté pour la foi, mais liberté pour l'impiété; point de liberté pour la vertu, mais liberté pour le vice; point de liberté pour la morale, mais liberté pour l'immoralité, la corruption; point de liberté pour le respect des lois divines et humaines, mais liberté pour la révolte contre toute loi, toute autorité. Le monopole peut-il faire un autre lot à la liberté de la pensée? Peut-il lui offrir pour objet la vérité, la foi, la vertu, la morale, le respect des lois, lui qui ne reconnaît par ses doctrines et ses systèmes, que l'erreur, l'impiété, le vice, la corruption, l'anarchie. Une puissance qui usurpe la puissance divine et toute puissance légitime sur la pensée, une puissance qui détruit toute puissance sur la pensée, qui détruit la liberté de la pensée, qui anéantit jusqu'à la pensée même, Dieu qui a juré de ne céder son empire à personne, Dieu laissera subsister cette puissance? Non, cela est impossible; c'est un défi trop scandaleux porté à son autorité, à sa suprématie; cette puissance sera foudroyée avec tout ce qui lui a prêté main-forte. Malheur à elle! sa ruine est proche : un abime effroyable est creusé sous ses pas. Malheur à elle!

Le monopole inique dans l'enseignement, anéantissement de la liberté, de la pensée, de la liberté de la conscience, suicide de la pensée, suicide de la conscience : malheur donc, et trois fois malheur, à ceux qui ont trempé, qui trempent et qui tremperont encore, ou qui oseront tremper leurs mains homicides dans le sang de ces deux victimes! S'il n'y avait ici que le crime, que l'absurdité, ce serait déjà bien assez; mais il y a plus, il y a crime, il y a absurdité jusqu'au comble du ridicule. Proclamer la liberté de la pensée et enchaîner l'enseignement ou la parole ; qu'est-ce ? j'ose vous le demander, citoyens ; enchaîner l'enseignement ou la parole, n'est-ce pas ôter à la pensée son instrument ? n'est-ce point la comprimer dans son essor ? n'est-ce point l'étouffer dans sa manifestation ? n'est-ce point la frapper au cœur même ? Proclamer la liberté de la pensée et lui ôter le moyen instrumental de cette liberté, l'exercice de cette liberté, n'est-ce point de la dérision au suprême degré ? n'est-ce point fouler aux pieds toute raison, toute pudeur ? n'est-ce pas, pour la conscience publique, l'insulte la plus révoltante ? C'est plus que de la déraison, de l'impudeur ; c'est plus qu'une insulte, c'est de la barbarie, c'est de la férocité. Proclamer la liberté de la pensée et briser l'instrument de son action, n'est-ce pas proclamer la liberté de la vue en vous crevant les yeux ? la liberté de l'ouïe en vous brisant le tympan ? la liberté de marcher en vous retranchant les jambes ? C'est plus, c'est en quelque sorte assassiner l'homme. Car la parole est l'expression de l'homme même. C'est plus, c'est en quelque sorte assassiner la société, car la parole est l'expression de la société même. Car le monopole vous permet-il de prononcer devant vos semblables ces trois mots *je*, *tu*, *il*, symbole des trois personnes, personnification de toute société ? C'est plus, c'est le suicide de l'intelligence même ; donc, la République, en proclamant la liberté de la pensée, proclame expressément la liberté d'enseignement, virtuellement la chute du monopole.

**Sans la liberté d'enseignement, point de liberté vraie pour les opinions.**

Qu'est-ce qu'une opinion? Qu'est-ce que la liberté d'opinion?

Qu'est-ce qu'une opinion? Par opinion, faut-il entendre ces bruits vagues, ces sentiments instantanés qu'adopte, à tort ou à raison, un vulgaire léger et vaporeux? Faut-il entendre par opinion, ces impressions éphémères et fugitives qui passent comme les rafales du vent dans les airs? Faut-il appeler liberté d'opinion, ce mouvement volcanique de certains esprits qui, à chaque minute, passent, avec la rapidité de l'éclair, d'une pensée à une pensée, d'un sentiment à un sentiment, d'une imagination à une imagination, pour les refouler dans le gouffre de ce qui n'est plus? Ce mouvement aveugle, qui ne fait que donner un transit pour la mort à tant de puînés aveugles, est-il autre chose que l'effet d'instincts impétueux? Car on ne voit ici ni délibération, ni choix, ni détermination, par conséquent nulle liberté. Si telle était la liberté des opinions, elle ne serait que l'éteignoir permanent de toute opinion; au lieu de leur donner la vie, elle n'aurait mission que pour les faire mourir. Si telle était la gratification du monopole, qu'il garde ses présents. Faut-il appeler liberté d'opinion, le libre choix de ses opinions mêmes? Or, ce choix peut-il exister pour les générations naissantes? Peut-il y avoir choix là où il y a force, contrainte, séduction? Or, la jeunesse, enrégimentée bon gré, mal gré sous le régime du monopole, a-t-elle le choix de ses opinions? Ne reçoit-elle pas, de gré ou de force, celles qui lui sont inculquées? Ceci est fort peu important, se récrie-t-on. Fort peu important! Mais oubliez-vous, ô hommes d'une indifférence criminelle, ou ne savez-vous pas que l'enfant même adopte, oui, adopte des opinions; que l'âge qui adopte des opinions avec le plus d'ardeur, qui les adopte pour être permanentes, indélébiles, toujours vivaces et indestructibles, c'est la jeunesse. Et vous appelez peu important ce qui doit être le fond, le mobile de toutes nos actions futures, la boussole de toutes nos pérégrinations. Mais si cela est peu important, il faut vous répéter à haute voix : Alors il n'y a plus rien d'important. Mais l'homme et tout l'homme, mais l'homme et toute l'humanité ne sont plus rien à vos yeux. Sachez-le bien, à raison de cette permanence, le monopole impose ses opinions à toutes les générations, à tout le genre humain. Car les opinions adoptées en dehors de l'enseignement, en dehors de l'éducation, toujours et presque toujours ne sont plus qu'accessoires, ou plutôt elles ne sont plus qu'un développement des opinions préconçues dans l'enfance. Donc, quant au principe, nulle liberté pour les opinions.

### Avec le régime du monopole nulle liberté d'opinion quant à sa nature.

Par liberté d'opinion, faut-il entendre le droit de faire prévaloir les opinions contraires à la vérité et à la foi, à la morale et à la vertu, en opposition formelle avec toute loi et toute autorité humaine et divine; de faire prévaloir les opinions qui n'ont d'autre fondement que le mensonge et l'erreur, que l'hérésie et l'impiété, que le vice, la corruption et le crime. Cette liberté serait donc le droit de protestation contre la vérité, la foi, la morale, la vertu, la loi et l'autorité. Ce droit serait donc le droit du mensonge, le droit de l'erreur, le droit de l'hérésie, le droit de l'impiété, le droit du vice, le droit de la corruption, le droit du crime. Mais tout ne s'élèverait-il pas pour protester et contre une telle liberté et contre un tel droit; vérité, foi, morale, vertu, lois, autorité? Et en effet, quel droit, quelle prescription peut-il y avoir pour le crime et le mensonge? Peut-il y avoir liberté vraie où il n'y a pas de droit? Où il n'y a ni liberté, ni droit, qu'y a-t-il? Servitude ou libertinage. Où il y a servitude, y a-t-il liberté? Où il y a libertinage, y a-t-il liberté? Le libertinage des mœurs n'est-il pas la destruction même des mœurs? La servitude ou le libertinage des opinions, c'est donc la ruine même de la liberté des opinions et des opinions elles-mêmes. Dans un cas, ruine par oppression; dans l'autre, ruine par l'abus. C'est le même résultat qui nous montre que l'abus n'est pas moins, et se trouve même plus nuisible à la liberté que l'oppression.

Or, en quoi maintenant le monopole a-t-il favorisé la liberté des opinions? A-t-il, oui ou non, favorisé les opinions favorables à la vérité? Mais consultez ses dogmes philosophiques en luttes acharnées entre eux, non moins qu'avec la vérité et la foi. A-t-il fait prévaloir les opinions favorables à la foi? Mais où sont les chrétiens qu'il a produits, ou plutôt qu'il n'ait pas *déchristianisés, décatholisés?* A-t-il fait prévaloir les opinions favorables à la morale, à la vertu? Mais où sont ses saints, ses hommes vertueux? mais il rougirait d'un tel produit ; consultez la liste électorale de la corruption électorale, allez d'un Louis-Philippe à ses ministres, de ses ministres aux derniers agents subalternes, et montrez-nous les hommes consciencieux qu'il a formés, montrez-nous de la conscience et même un vestige de conscience. A-t-il fait prévaloir les opinions favorables aux lois humaines et divines? Mais qui, pour l'Eglise, pour l'autorité souveraine, a conservé l'ombre de respect ? Le respect aujourd'hui, c'est le mépris, c'est l'ironie dans toute l'amertume de la dérision ; c'est le sarcasme, la calomnie dans toute son impudeur ; c'est l'outrage dans tout son virus empoisonné.

La liberté d'opinion engendrée par le monopole a-t-il eu enfin pour fondement la vérité ou le mensonge, la foi ou l'hérésie, la morale ou l'immoralité, la vertu ou le vice, le respect ou le mépris de toute loi, de toute autorité? Le souffle de tous les vents est-il, oui ou non, à l'erreur, à l'impiété, à la corruption, à tous les forfaits, à la décomposition sociale? Le pouvoir a créé le monopole, et le monopole a créé, par son mépris de toute autorité, le despotisme, qui a voulu s'armer de toutes pièces pour se défendre. Le despotisme recueille maintenant ce qu'il a semé. La moisson du monopole ne sera ni moins belle ni moins abondante. Donc aujourd'hui plus d'opinion véritable, ni liberté vraie d'opinion, qu'un vain mot, qu'une pure fiction. Car enfin, que faut-il entendre par opinion véritable et liberté vraie d'opinion? On entend par opinions des sentiments qui se partagent sur une même question, en s'appuyant chacun sur des raisons solides, ou du moins très-plausibles. La liberté vraie d'opinion consiste donc à pouvoir admettre ou manifester, ou faire prévaloir librement un sentiment fondé en raison. Voilà la liberté dans sa vérité et la vérité dans la liberté. Hors de là, en dépit de la confusion des idées et en vertu de la vérité, point de liberté vraie d'opinion, ni admissible, ni possible. Or, cette liberté vraie peut-elle exister avec le monopole? Quelle fut la pensée du fondateur du monopole? L'unité politique par l'instrument monopole. Grande pensée, avec le pire des moyens, avec le moyen direct, pour arriver au but contraire, à l'unité de l'anarchie en toutes choses.

Car l'événement parle avec une voix plus retentissante que le tonnerre. Et en effet, de l'absurdité de nos prétentions, de l'excès de la tyrannie, que peut-il sortir? L'anarchie excessive, des exigences aussi exorbitantes en prétentions qu'impossibles en réalité. Que peut-il arriver? L'anéantissement de nos superbes projets. Ici, est arrivé ce qui devait fatalement arriver. Le monopole, pour n'avoir plus qu'une opinion, fut d'avis de laisser carrière à toutes les opinions, fut d'opinion de n'avoir plus d'opinions. Paganisme ridicule, où tous les dieux furent à la fois adorés et méprisés, à la fois encensés et insultés. Laissons le monopole dans les deux états exceptionnels où on a voulu, et où il a voulu se placer. Accordons-lui toute liberté possible dans le choix. Malgré toute notre bonne volonté, il faut qu'il passe au fatal laminoir. Car l'injustice, devant l'inexorable justice, n'a nulle issue. Ou, selon la pensée de son fondateur, le monopole n'a qu'une seule et unique opinion, ou contre sa pensée, et, selon le cours inévitable de tout ce qui est inique dans son principe, le monopole n'est qu'un vaste cratère, où fermentent, où bouillonnent, où s'agitent avec fureur, où se bouleversent les flots de toutes les opinions.

Dans le premier cas, y a-t-il liberté d'opinion? Y a-t-il liberté d'opinion pour moi et pour mon enfant? Y a-t-il liberté pour mes opinions et celles de mon enfant, si on l'oblige d'adopter des opinions contraires aux miennes, et à celles que j'ai été obligé par conscience, par devoir, de lui inculquer.

Dans le second cas, point de liberté d'opinion, ni pour lui, ni pour moi. Comment l'esprit faible et fragile de mon enfant pourra-t-il conserver ses sentiments et les miens? Comment même pourra-t-il en adopter d'autres; si, à chaque moment, son esprit est emporté sur les vagues flottantes et orageuses de toutes les opinions politiques et antipolitiques, de toutes les opinions philosophiques et antiphilosophiques; de toutes les opinions religieuses et antireligieuses, de toutes les opinions morales et antimorales. Quelle opinion aura-t-il? Il aura pour opinion, l'anarchie, la confusion, le chaos. Quelle sera pour lui la liberté d'opinion? Sa liberté d'opinion sera la nécessité de n'avoir nulle liberté d'opinion. Ce sera un *tabula rasa*, nullité complète d'opinion et de liberté d'opinion. Donc, que l'on considère la liberté d'opinion dans son principe, ou dans sa nature, ou dans la vérité de son objet, le monopole ne lui laisse pas la moindre trace d'existence réelle ni possible. Son résultat inévitable, le voici : Destruction de la vraie liberté d'opinion pour la jeunesse, pour la famille et pour la nation; ruine complète de toute opinion véritable pour la jeunesse; offense constante à toutes les opinions de la famille et de la société. Monopole de l'enseignement, ruine de la liberté d'opinion, ruine de la liberté de conscience, ruine de la liberté de la pensée, ruine de la liberté de la presse.

**Sans la liberté d'enseignement, point de liberté vraie pour la presse.**

La liberté de la presse est l'expression de la conscience, de la pensée, de la foi et des opinions, si on la considère dans sa généralité. Mais, prise dans un sens plus restreint, peut-elle consister dans le droit de publier toute espèce de pensées, d'opinions; les pensées, les sentiments, les opinions contraires à la vérité, à la foi, à la morale, à la vertu, aux lois, à l'autorité juste et légitime, à la réputation de ses semblables, ou favorables à l'erreur, au mensonge, à l'hérésie, au vice, au libertinage et au crime? Mais un tel droit ne se changerait-il pas en protestation constante et publique contre la vérité, la foi, la morale et les lois, contre Dieu et contre la société? Et à leur tour, et de leur énergique vigueur, la vérité et la foi, la morale et la vertu, la société et Dieu, ne s'élèveraient-ils pas en protestations unanimes et solennelles contre une telle liberté? Le droit donc s'élèverait contre le droit? Absurdité, car, au fond, tout ce qui est fondé sur la justice et la vérité ne peut se contredire. Un droit qui consisterait à faire triompher le mensonge, l'erreur, l'hérésie, l'impiété, la corruption et le crime, le mépris de toute loi, de toute autorité; cela est-il concevable? Et le fondement d'un tel droit? Le mensonge et le crime. Et le fondement du mensonge et du crime? L'absence de la justice, l'absence de la vérité, l'absence de la réalité, l'absence de l'être. Et le fondement de l'absence d'être? Le néant: donc à ce droit pour base le néant, l'injustice destructive du droit même. Car le crime étant l'iniquité même, n'est-il pas essentiellement la lésion directe, la ruine radicale de tout droit. Donc, ni par voie de principe, ni par voie de conséquence, point de droit possible à une telle liberté. Point de base possible, point de liberté vraie, ni réelle ni possible. Car la liberté n'est que la pratique du droit ; et le droit, la pratique de la justice ; et la justice, la pratique de la vérité. Donc, en fait, une telle liberté n'est qu'un libertinage dévergondé, un abus énorme de la liberté, sa destruction directe.

La vraie liberté de la presse ne peut donc consister qu'à publier les idées, les sentiments, les opinions conformes et favorables à la vérité, à la foi, à la justice, à la vertu, aux lois humaines et divines. Or, une telle liberté n'est possible qu'à deux conditions : 1° de son principe ; 2° de sa nature.

La liberté de la presse est-elle, à raison de son principe, possible avec l'existence du monopole ? La liberté de la presse, quant à son principe, n'est possible qu'autant qu'il nous est facultatif de puiser nos pensées, nos sentiments, nos opinions à la source que nous voulons. Or, nous est-il, en effet, libre d'aller puiser nos idées, nos sentiments, nos opinions, ailleurs qu'à la source empoisonnée du monopole ? N'y a-t-il pas force majeure ? N'y a-t-il pas perte de la vie civile, mort sociale si nous ne le faisons pas ? S'il en est ainsi, la liberté de la presse est-elle possible quant à son principe ?

Elle n'est point possible, quant à sa nature. La véritable liberté de la presse consiste à publier les idées, les sentiments, les opinions conformes et favorables à la vérité, à la foi, à la vertu, à la morale. Eh bien, qu'on nous montre tout ce que nous a légué le monopole. Qu'on nous montre les idées, les pensées, les opinions conformes et favorables à la vérité, dans ce déluge de systèmes contradictoires et ténébreux des hommes de la façon du monopole. Qu'on nous montre les idées, les sentiments, les opinions conformes et favorables à la foi, dans ce déluge d'écrits sceptiques, impies, vomis par torrent des arsenaux du monopole. Qu'on nous montre les idées, les sentiments conformes et favorables à la vertu, à la morale, dans ce déluge de romans obscènes et impurs, dans ce breuvage enivrant de corruption et d'immoralité. Qu'on nous montre les idées, les sentiments, les opinions favorables et conformes à l'équité des lois, à la légitimité de l'autorité dans ces libelles incendiaires de mépris, de rébellion contre l'Eglise et contre Dieu ; dans ces blasphèmes intronisés contre le Créateur ; dans ce poison redolant de calomnies, d'opprobres, d'injures contre ses semblables ; dans cette dissolution, dans cette dislocation des éléments sociaux organisés avec une fureur sans nom ; dans ces statistiques judiciaires, où vous voyez les criminels instruits, dans le rapport de dix, de vingt à un criminel ignorant. Calomnie et mensonge, s'écrie le monopole ! Calomnie et mensonge, oui, c'est ton arme ordinaire ; c'est ta ressource impudemment impuissante et puissamment impudente contre les faits écrasants, contre les conséquences inexorables de l'inflexible logique. Calomnie et mensonge, oui, mais calomnie et mensonge dans ta bouche et dans ton cœur. Calomnie et mensonge, ô monopole ! Eh bien, lave-toi, purifie-toi, deviens blanc comme la neige, si tu le peux. Mais je t'adjure ; ne fuis pas dans le fond de tes cavernes tortueuses et sans issue ; mais je t'en adjure, réponds encore une fois.

D'où nous viennent en général nos pensées, nos sentiments, nos opinions; ces pensées, ces sentiments, ces opinions permanentes, ineffaçables, qui sont le mobile de toutes nos actions, de toute notre vie. Tu es forcé de me répondre : De l'enseignement, de l'éducation; or, qui nous a donné l'enseignement, l'éducation? Tu me réponds ainsi et tu ne peux me répondre autrement. Car sans cela, une voix plus formidable que la tienne, la voix de l'expérience, la voix de la vérité par escence répondrait à ton insigne mauvaise foi, et pour toi : Tel dans la jeunesse, tel dans la vieillesse.

Donc, sous le régime du monopole, point de vraie liberté de la presse possible, ni quant à sa nature, ni quant à son principe.

De plus, contradiction la plus flagrante de la liberté de la presse considérée dans sa conséquence. La liberté de la presse, telle qu'elle est généralement admise; c'est, quant au mode, avoir le droit de publier ses opinions et ses pensées, par tous les moyens possibles; c'est, quant aux personnes, avoir le droit de les publier devant tous ses semblables.

Avoir le droit de publier ses opinions par tous les moyens possibles, c'est avoir le droit de le faire ou par figure, ou par gestes, ou par l'écriture, ou par la parole. Avoir le droit de publier ses opinions devant tous ses semblables, c'est avoir le droit d'enseigner non un individu, non une communauté, non une nation, mais tous les hommes, mais tout l'univers. Quoi! par la manifestation publique de mes pensées, de mes sentiments, de mes croyances, j'aurai le droit d'enseigner toute la nation, l'Europe entière, et plus que l'Europe, et par ma parole je n'aurai point le droit de manifester devant quelques bambins, je ne dis pas mes pensées, mes croyances vivaces, mais la signification inanimée de quelques mots d'une langue inhumée! O monopole! ton iniquité semble vouloir s'élever jusqu'au-dessus des plus hautes montagnes, et faire vibrer d'une indignation foudroyante le ciel et la terre. Ne crains-tu pas que l'éclair de la colère divine ne vienne te consumer de son feu vengeur?

Quoi! j'aurai le droit d'enseigner le genre humain par un moyen permanent, par ce moyen le plus dangereux, le plus formidable de tous, par ce moyen électrique qui fait voler comme l'éclair ma pensée d'une extrémité du monde à l'autre; et par la parole, moyen le plus naturel à l'homme, par ce moyen le plus transitoire, le moins dangereux pour la société, je n'aurai plus le droit d'enseigner tout l'univers; que dis-je, tout l'univers? Je n'aurai pas le droit d'enseigner toute la France; que dis-je, toute la France? Je n'aurai plus le droit d'enseigner une communauté, cent personnes, dix personnes; que dis-je, une communauté, cent personnes, dix personnes? Je n'aurai plus le droit d'enseigner trois personnes, trois petits enfants, à bégayer leur langue, à revêtir leurs idées de formes étrangères, à prononcer le nom de Dieu, sans être criminel de lèse-majesté du monopole, sans trouver des juges iniques, rejetons du monopole, chargés par le monopole de me frapper par l'iniquité de leur condamnation; juges qui ont l'impudeur, sur le siége sacré de la justice, d'appeler loi, justice, l'injustice même. Aussi le glaive brillant et menaçant de la justice dans le sanctuaire de la prétendue justice! désorganisation de la justice! *Digitus Dei est hic!*

O consciences prostituées! O terre d'injustice et

d'esclavage! Ta tolérance à supporter un régime aussi odieux attesterait-elle ta dégradation? attesterait-elle que tu es incapable et indigne de liberté? N'y a-t-il pas honte, et la plus grande de toutes les hontes, à souffrir qu'une congrégation, qui a chassé toutes les congrégations, qui n'en peut supporter ni l'odeur, ni le nom, abrutisse ton intelligence, éteigne en toi la vie intellectuelle; que, par un sordide égoïsme, elle ne laisse à nos pieds ni terre pour marcher; à nos yeux ni lumière pour voir; à nos poumons ni air pour respirer; à notre cœur ni sang pour vivre; que par un comble de malheur, l'Eglise sainte et immaculée voie de ses membres servir de satellites à l'astre de Voltaire! voilà un sujet d'angoisses inouies, voilà ce qui lui paraît une tâche presque ineffaçable, plus ineffaçable, plus amère que l'opprobre des infaillibles décisions formulées en quatre articles. Oui, aujourd'hui on en est venu à un tel degré d'abaissement, qu'il se rencontre des hommes, non seulement pour soutenir le régime de servitude morale, mais pour le défendre, mais pour se poser en ennemis irréconciliables de la liberté, mais pour se glorifier d'être traitres à la chose publique, félons envers la patrie, meurtriers de la nation. Aux yeux de ces hommes dégradés, attaquer les effets déplorables du plus odieux despotisme, c'est blasphème; revendiquer les droits les plus sacrés de l'intelligence, de la vérité, c'est plus qu'une imprudence, c'est crime légal et toujours légalement, impitoyablement puni par les tribunaux du régime corrompu et corrupteur, qui vient de disparaître sous le souffle de Dieu.

Résumons. Car voici en définitive à quoi se réduit la liberté de la presse. Pour enseigner le monde, dont je suis, de par la presse, constitué docteur, roi intellectuel, suis-je libre de puiser où bon me semble mes inspirations? Non, car cette liberté ne m'est accordée qu'à condition que je serai d'abord l'esclave d'une caste privilégiée. Non, pour cela il faut que je puise mes sentiments, mes pensées dans la sentine de toutes les opinions. Non, pour cela il faut que je n'aie plus ni conscience, ni croyances. Non, pour m'élever sur le grand théâtre, il faut que je sois paré de toutes les vieilleries, de toutes les âneries philosophiques. Gorgé de pourriture, de l'ordure de tous les systèmes, libre à moi, non de passer de la servitude à la liberté, mais de faire passer mon bagage de pacotille d'un lieu circonscrit à la place incirconscrite. Liberté à moi de l'étaler à la face du monde. Libre à moi, gloire à moi, de prêcher à tout l'univers l'erreur, le mensonge, la fausseté des doctrines, la calomnie insidieuse et effrontée, l'immoralité infamante, les utopies, les absurdités délirantes de la raison, le renversement de tous les principes naturels et religieux, politiques et sociaux.

Monopole de l'enseignement, ruine de la liberté de la presse, ruine de la liberté d'opinion, ruine de la liberté de conscience, ruine de la liberté des cultes; car,

### Sans liberté d'enseignement, point de liberté vraie pour les cultes.

La liberté des cultes résiderait-elle dans le droit de pouvoir tour à tour embrasser toutes les religions, ou de les rejeter toutes si l'on veut? Une telle liberté serait-elle autre chose qu'un libertinage dans les croyances, que le nivellement, la ruine même de toute religion, la production forcée de l'indifférence et de l'athéisme? Si en cela ne peut se trouver la vraie liberté des cultes, en quoi consiste-t-elle? Dans le droit de pouvoir conserver sa religion, de la faire prévaloir, si on la croit meilleure qu'une autre; d'en changer, non pas par caprice, mais par conviction de la vérité. Or, le régime obligé du monopole ne blesse-t-il pas la liberté des cultes? L'enfant peut-il conserver ses convictions religieuses, sous un régime qui a toute puissance sur lui et qui fait profession de n'avoir aucun culte, et d'admettre tous les cultes qui se combattent, qui se détruisent et s'entre-détruisent par leurs contradictions? Comment lui sera-t-il possible de conserver sa religion et même l'ombre de sentiment religieux, au milieu de cet assemblage de tous les cultes, catholiques, juifs, protestants, rationalistes, indifférents, panthéistes, athées. Donc, pour l'enfant plus de croyances à ses immortelles destinées; plus de foi en général qu'au néant; plus d'autre symbole que le matérialisme. Le néant, la corruption et le vice, voilà donc l'avenir des jeunes générations en échange de cet avenir de vertus, de grandeurs, de récompenses éternelles. Et quand le père et la mère sont forcés, parce qu'ils n'ont pas la force d'être libres, de livrer leurs enfants à l'autel de l'impiété, où est pour eux la liberté des cultes? Et quand une société fait une loi à chacun d'en agir ainsi, où est pour cette société la liberté des cultes? La liberté des cultes pour elle, c'est de n'en avoir aucun et d'entrainer tout le monde à suivre son exemple.

Le monopole de l'enseignement, ruine de la liberté des cultes, ruine de la liberté de la presse, ruine de la liberté d'opinion, ruine de la liberté de la pensée, ruine de la liberté de la conscience, ruine de la liberté individuelle ; car,

**Sans liberté d'enseignement, point de liberté individuelle.**

Qu'est-ce qui forme l'individualité ? Seraient-ce les droits, les franchises, qui ont pour objet les transactions commerciales, territoriales, industrielles et politiques ? C'est bien là un accident de l'individualité, mais ce n'en est ni la nature, ni l'essence. Si dans cet accident l'on fait reposer uniquement la liberté individuelle, c'est sans doute de la liberté, mais une liberté fractionnée, une liberté au minimum. Ce qui forme la nature essentielle de mon individualité, c'est ma conscience, c'est ma pensée, ce sont mes sentiments, mes opinions, mes croyances. La liberté individuelle n'est donc que la réunion, le résultat de ces quatre libertés. Attaquer une de ces libertés, c'est blesser la liberté individuelle, dans sa nature et son essence. En retrancher une, c'est donc mutiler, détruire la liberté individuelle. La ruine de toutes les libertés précédentes est donc la ruine entière, complète de la liberté individuelle. Or, le monopole ne frappe-t-il pas de mort la liberté de conscience, la liberté de pensée, la liberté de croyance, la liberté des opinions de la jeunesse, des familles et de la société ?

Ne l'avons-nous pas démontré d'une manière péremptoire ? La chose n'est-elle pas évidente comme le soleil en son midi ? Quel vestige de liberté individuelle reste donc à l'enfant, aux familles et à la société, quand tout est forcé de subir cette strangulation cruelle et inhumaine ! Quelle liberté individuelle, quand tout un pays est forcé d'en être le témoin inerte et impuissant !

Ne nous parlez donc point, ô Français, de liberté individuelle, vous n'en possédez que l'ombre. Ne nous parlez donc pas de liberté individuelle, vous qui vous laissez endormir avec des mots, avec des fictions ; vous qui vous contentez de quelques lambeaux arrachés au manteau royal de la liberté. Non, non, tant que vous serez dans cet aveuglement déplorable, tant que vous vous laisserez conduire par cette légèreté, cette inconstance irréfléchie dont profitent vos plus grands ennemis pour vous tromper, pour sucer le sang de votre âme, comme les vampires celui des corps, pour vous faire considérer comme vos plus grands ennemis vos plus ardents amis ; non, vous n'avez point de liberté individuelle véritable à espérer, vous n'en aurez que les vaines apparences. Et vous n'obtiendrez pas cette liberté, tant que vous n'aurez, à corps et à cris, réclamé la liberté d'enseignement, ou plutôt, tant que vous n'aurez point d'une main vigoureuse et implacable brisé les chaînes honteuses du monopole, qui fut la source de la tyrannie de tous les despotes, et qui, dans un avenir prochain, sera peut-être la cause de tous vos malheurs et de ceux de toutes les autres nations.

Le monopole de l'enseignement, ruine de la liberté individuelle, ruine de la liberté des cultes, ruine de la liberté de la presse, ruine de la liberté des opinions, ruine de la liberté de conscience, ruine de la souveraineté du peuple ; car,

**Sans liberté d'enseignement, point de souveraineté du peuple.**

La souveraineté du peuple consiste-t-elle simplement à pouvoir revendiquer ses droits politiques, les régler par stipulation? Serait-ce là autre chose que l'écorce, la superficie de la souveraineté populaire? La souveraineté du peuple, à la prendre dans sa plénitude, a quelque chose de bien autrement noble, de bien autrement élevé, de bien autrement sublime. Quelle étendue dans son horizon! A la considérer dans ce vaste rapport, le peuple même va nous apparaître plus roi que les rois. Après la souveraineté de Dieu, rien de plus grand. Le peuple devient, comme le dit Pierre, une nation sainte, un sacerdoce royal. La souveraineté du peuple ne consiste point à avoir empire seulement sur ce qui est relatif à la partie la plus grossière de nous-mêmes, mais principalement sur ce qui est relatif à la portion la plus noble. Elle consiste à avoir la souveraineté sur sa conscience, la souveraineté sur sa pensée, la souveraineté sur ses opinions, la souveraineté sur ses croyances religieuses; souveraineté non absolue, souveraineté non précisément de direction et de décision, mais souveraineté de possession, sans que personne puisse y toucher et poser dessus une main attentatoire. La réunion de ces quatre souverainetés, voilà l'apanage de la souveraineté du peuple, apanage le plus beau comme le plus glorieux. Voilà la souveraineté du peuple dans toute sa hauteur, sa largeur et sa profondeur : elle est comme le couronnement de la liberté individuelle.

Car peut-on être roi, si l'on n'est en possession pleine et entière de son individualité? Et le peuple peut-il être véritablement roi, à moins que chacun de ses membres ne jouisse de cette précieuse prérogative? Or, avec le monopole, cette royale souveraineté exista-t-elle jamais et peut-elle exister? Existe-t-elle réellement, quand on voit l'enfant au berceau jusqu'au vieillard décrépi courbés sous ce cruel régime? Cette souveraineté existe-t-elle, quand on voit jusqu'aux enfançons enrégimentés dans les salles d'asile établies par le monopole? Cette souveraineté existe-t-elle, quand on voit l'enfance du hameau, et, par l'enfance du hameau, tout le hameau lui-même, enrégimenté, bon gré mal gré, sous les instituteurs institués par le monopole? Cette souveraineté existe-t-elle, quand on voit les instituteurs séculiers et réguliers, frères et laïcs, enrégimentés, bon gré mal gré, sous des comités organisés par le monopole? Cette souveraineté existe-t-elle, quand on voit la jeunesse de la cité, et par la jeunesse de la cité, la cité elle-même enrégimentée par les écoles du monopole? Cette souveraineté existe-t-elle, quand on voit tous les comités, toutes les écoles, colléges, pensions enrégimentés, bon gré mal gré, sous les académies où siégent sous un autocrate, les premières autorités judiciaires et administratives? Cette souveraineté existe-t-elle, quand on voit ces académies enrégimentées de bon gré sous un conseil jadis royal, aujourd'hui sans nom, qui, à son tour, est enrégimenté, pas toujours de bonne volonté, sous le grand monopoleur des intelligences? Quel horrible réseau! quel filet inexorable!

Ainsi, vous le voyez, par mille liens, par mille chaines imperceptibles et perceptibles, une grande nation forcément enrôlée, embrigadée, emprisonnée, comme jamais captifs, par une caste formant hiérarchie dans l'ordre du plus inique despotisme? Trouvez-moi donc, de grâce, ici, la souveraineté du peuple? Ah! si les jésuites ou toute autre congrégation avaient osé songer à un pareil attentat, on les aurait lapidés; s'ils avaient osé en tenter l'exécution, on les aurait empalés. O grande nation, pour n'avoir plus voulu d'ordres religieux, qui ne voulaient que ta liberté et ton salut; pour n'avoir voulu écouter que la perfidie de tes ennemis, comme tu es châtiée! comme tu es flétrie! comme tu es dégradée! avilie jusque dans la fange! avilie jusqu'à n'aimer plus en général que la pâture des cadavres, jusqu'à n'aimer plus que des chairs gangrénées! O grande nation! puisses-tu enfin ouvrir les yeux et t'éloigner du précipice où tu sembles aspirer à t'engloutir! Quant au physique, plus de liberté; quant au moral, moins encore. Plus de droit sur ta conscience, plus de droit sur ta pensée, plus de droit sur tes croyances, plus de droit sur tes opinions, plus de droit sur ta parole, plus de droit sur ton individualité; où donc est cette souveraineté tant vantée? De grâce, veuillez seulement m'en montrer le moindre échantillon. Souveraineté du peuple, souveraineté de la nation avec le monopole, chimère des chimères! Donc, sans la liberté d'enseignement, point de souveraineté du peuple existante, et j'ajoute, ni possible. Cette souveraineté est-elle possible, quand toutes les classes sociales et surtout les plus élevées sont contraintes de passer par les fondrières du monopole? Cette souveraineté est-elle possible, quand il ne peut rester de toi rien qui ne soit confisqué, détruit, laminé; pensée, conscience, opinion, croyance? Quelle souveraineté possible pour celui qui n'a ni opinion, ni conviction sainte, ni la franchise de la parole, ni libertés d'aucune sorte. Car, si tu as des yeux pour voir, tu as dû voir; si tu as des oreilles pour entendre, tu dois maintenant comprendre, ô peuple français, qu'avec le monopole, point de souveraineté du peuple, mais ruine de cette souveraineté; point de liberté individuelle, mais ruine de cette liberté; point de liberté de la presse, mais ruine de cette liberté; point de liberté des cultes, mais ruine de cette liberté; point de liberté d'opinion, mais ruine de cette liberté; point de liberté de la pensée, mais ruine de cette liberté; point de liberté de conscience, mais ruine de cette liberté : avec le monopole, point de liberté, point de souveraineté du peuple, ni existante, ni possible. Tu saurais à peine te fier à tes yeux et à tes oreilles, tant le désenchantement est grand, étonnant, inouï! Quoi! point de liberté quand on parle tant de liberté? Non, point : on n'en parle pas tant quand on la possède; non, point : on n'en parle tant que pour consoler, tromper les esclaves, et sucer sans crainte la dernière goutte de sang qui circule dans leurs veines. Quoi! point de liberté, après tant de promesses? Non, point; car a-t-on besoin de nous promettre ce que nous avons en notre possession. Promettre dans ce cas est ridicule; la promesse n'est qu'une indice de privation, d'indigence; donc la privation de liberté est en raison des promesses, et les promesses en raison de cette privation. Or, grandeur des promesses, promesses égales en nombre aux grains de sable de la mer; donc, absence complète de liberté; donc, point de liberté vraie, point de liberté réelle, pas une, pas une seule : mais liberté fausse, mais liberté en fiction. A ce titre, elle roule comme les millions sur la roulette.

Point de liberté véritable ; car la vraie liberté n'est ni l'oppression, ni l'abus. Entre ces deux limites, elle a fixé sa demeure. *In medio virtus.*

Non, point de liberté ; car lorsque les peuples sont dans ce point précis de liberté, il y a harmonie et par suite confiance et prospérité, paix et sécurité. Que voyons-nous, au contraire ? troubles, agitations, défiance, anarchie, désorganisation.

Non, point de liberté ; car lorsque les peuples sont dans ce point précis de liberté, les gouvernements, malgré leur forme, sont inébranlables sur leur base : or, au contraire aujourd'hui, les gouvernements, s'ébranlant ou ébranlés, ou renversés et gisants dans la poussière.

Non, point de liberté ; car à aucune époque jamais ne fut ni oppression aussi abusive du principe de toutes les libertés, ni abus aussi désordonné des libertés qui en découlent. C'est l'abus qui appelle l'abus. *Abyssus abyssum invocat in voce cataractarum.* De là, commotions, secousses violentes et universelles. C'est un volcan général.

Non, point de liberté, et point jusqu'ici d'espoir fondé de liberté. Car où sont tes Cincinnatus, tes Fabricius, tes Curius, tes Décius, tes Franklins, tes Washingtons ?

Non, point jusqu'ici d'espoir fondé de liberté ; car chez un peuple démantelé il faut des hommes d'une valeur encore plus grande, d'une énergie encore plus énergique, d'un dévoûment encore plus *abnégatif*. Quoi ! la nation du monde proclamée la plus libre ne serait point libre ! la prétention n'est-elle pas par trop absurde ?

Tu es libre et jamais nation ne fut plus libre, s'il faut entendre par libertés l'abus de toutes les libertés, abus pire que tous les genres d'oppression.

Tu es libre et jamais nation ne fut plus libre, si les grands mots, si les phrases trompeusement pompeuses, creuses et sonores, furent jamais l'écho fidèle de la vérité.

Tu es libre, si cette sorte de libertés te plait. Sois satisfaite; abreuve-toi à la coupe enivrante du libéralisme moderne; étourdis-toi. Ta tombe entr'ouverte, sème-la vitement de fleurs. Hâte-toi de te livrer à l'ardeur de ton aveugle et sceptique enthousiasme. De notre part, amende honorable, plus de conteste, rendons les armes et plus de résistance. *Sed sibilabit ventus. Vox tonitrui in rotâ. In omnem terram exivit sonus eorum.* Sache pourtant un dernier mot. Sais-tu ce que c'est qu'un peuple sans liberté, sans souveraineté? une ruine.

Une ruine... *Audite hæc, omnes gentes.*

## Ruine et abime.

Pourquoi ce frémissement instinctif, général, universel? Serait-ce dans le but de briser le joug du Christ? Non, c'est parce qu'on l'a brisé. Pourquoi tout recule-t-il épouvanté? parce qu'en brisant le joug du Christ, on a ouvert un abime. Pourquoi les nations gisantes dans une profonde léthargie, réveillées tout à coup en sursaut, levées comme un camp prêt à un important appel? Où marchent-elles? où courent-elles? Pareilles à des lions rugissants, elles bondissent au hasard. Pourquoi? parce qu'on a brisé le joug du Christ, qui était comme un pont inébranlable solidifié au-dessus de l'abîme, et pour traverser l'abîme. Voilà pourquoi ce sentiment d'un péril imminent et inconnu qui terrifie ! Voilà pourquoi ce mystérieux et implacable instinct de conservation qui agite, qui s'arme d'une énergie inouïe, d'une force irrésistible ! C'est une main invisible mais conservatrice qui presse, pousse, force, entraîne, et qui commande, quoi ? de marcher à la conquête de ce qui a été perdu, à la conquête du joug du Christ, joug de liberté. Qui commande, quoi ? pour atteindre ce but, de conquérir la vraie liberté ; d'affronter, de renverser les formidables remparts élevés contre elle ; de rompre les chaînes du plus immoral esclavage qui fût jamais, l'esclavage des intelligences. D'où cet esclavage et ses bastions ? des rois. Or, vous le voyez, ô peuples du monde, c'est par les plus coupables que Dieu commence, et son invariable justice ne pouvait commencer autrement. Si le tyran a été chassé de la forteresse, croyez-vous que Dieu respectera son repaire, et les boulevards de ce repaire ? Non, non, cela n'est pas possible. Non, non, l'accessoire suit toujours le principal ; quand on immole un ennemi, on s'empare de ses armes, comme si on craignait qu'il ressuscite. Justice est déjà faite, et justice sera faite. La chose est indubitable, Dieu ne s'arrête plus quand il a commencé ; quand il a donné le mouvement à ses pieds, c'est un mouvement irrésistible qui broie tous les obstacles qu'il rencontre sur son passage. Justice est faite et justice sera faite. « Je poursuivrai, a-t-il dit, mes ennemis, » je les saisirai, et je ne m'arrêterai point avant qu'ils » ne soient plus. Je les briserai, et ils ne pourront » se tenir debout devant ma face ; ils tomberont sous » mes pieds. Ils crieront au secours et il n'y aura

» personne pour les sauver, et moi-même je ne les
» écouterai point, je les pulvériserai comme la pous-
» sière soulevée par les vents, je les broyerai comme
» la fange des rues. — *Persequar inimicos meos et*
» *comprehendam illos, et non convertar, donec*
» *deficiant. Confringam illos nec poterunt stare;*
» *cadent subtus pedes meos. Clamaverunt, nec*
» *erat qui salvos faceret; ad Dominum, nec exau-*
» *divit eos. Et comminuam eos ut pulverem ante*
» *faciem venti; ut lutum platearum delebo eos.* »
(Ps. 17.) Voilà l'arrêt que le Seigneur des armées a prononcé contre ses ennemis de tous les temps, et l'histoire sait quelle formidable exécution!

Quel est le bastion des tyrans? l'agent le plus servile et le plus corrompu, le monopole des intelligences mises à prix, vendues à vils deniers. Justice sera faite. Si Dieu a décrété le règne de la liberté, il a dû décréter la destruction du règne de la servitude. Car, où serait pour un captif la liberté, si ses fers n'étaient rompus? Donc, malheur aux tyrans! malheur à leurs criminels agents! malheur au monopole! La colère de Dieu est armée, elle est armée de la colère des peuples. Tout va tomber dans la poussière. Tout va être emporté par le souffle d'une vengeance nourrie, provoquée depuis des siècles. Il faut le dire, il faut le répéter à la face du ciel et de la terre; les rois depuis longtemps ont perdu leur caractère de paternité, et en perdant ce caractère ils ont perdu leur qualité de roi. Ils ont perdu leur qualité de roi, parce qu'ils n'ont plus voulu de ces maximes : *Dei enim minister est tibi in bonum* (Rom., 13, 4.). *Quicumque voluerit fieri major, erit vester minister; quicumque voluerit in vobis primus esse erit omnium servus* (Marc, 10,

44). Vous n'êtes ministre que pour le bien commun; quiconque voudra être le premier, Roi ou Pape, qu'il soit le serviteur de tous. Les rois n'ont plus voulu de ces maximes, parce qu'ils n'ont plus voulu être pasteurs et serviteurs des peuples que Dieu leur avait donné à servir, à paître, à guérir. Ils n'ont plus voulu être pasteurs, parce qu'ils ont cru que les peuples étaient faits pour paître et nourrir leurs passions, leur cupidité, leur ambition. Ils n'ont plus voulu être serviteurs, parce qu'ils ont cru qu'ils étaient pour dominer en tyrans, et que les peuples n'étaient destinés qu'à encenser servilement leur orgueil.

Ne voulant plus être serviteurs ni pasteurs, ils ont voulu être plus que des rois, plus que des tyrans; ils ont voulu être des dieux. Emportés par la superbe, ils se sont mis à la place de l'Être suprême. Ils n'ont plus voulu reconnaître d'autre Dieu qu'eux-mêmes; ils n'ont plus voulu qu'on en reconnût d'autre. A leurs yeux ils se sont transformés en idoles, et au regard de leurs sujets ils ont voulu être transfigurés. Ils ont entrepris de se faire adorer, de se faire immoler des victimes. Ils ont voulu qu'on leur sacrifiât : et à quel autel, et quelles victimes? A quel autel? A l'autel de leur égoïsme, de celui de leurs familles, et de leurs agents pervers et corrupteurs. Quelles victimes? richesses, argent, fortunes, honneurs, dignités, sueurs, sang et travail du peuple. C'est à ce centre qu'ils ont voulu tout faire aboutir. Ils ont voulu se faire adorer, et pour arriver à ce paganisme honteux, ils ont désiré que les intelligences fussent asservies, avilies, corrompues, muettes. Ils ont fait pire. Ils ont tenté de détruire toute intelligence, et pour atteindre cet homicide résultat, pour courber tous les esprits devant l'idole infâme, qu'ont-ils fait? Ils ont décrété prise non de corps, mais d'intelligence. Ils ont établi une armée de sbires enseignants, chargés d'enseigner quoi? à n'avoir plus à la longue ni conscience, ni pensée, ni foi, ni loi. Chargés d'enseigner à tuer indirectement l'âme; chargés d'imprimer sur la victime immolée le sceau de l'esclavage abrutissant, de la corruption, de l'impiété. Esclavage affreux, universel, qui enchaîne tous les âges et toutes les conditions! Et devant cette conjuration impie, satanique, qui commande au soleil des esprits de ne plus luire sans passer par l'octroi de la douane universitaire; aux yeux de ne plus voir que par le prisme des ténèbres, Dieu se serait tù, et il aurait, sans mot dire, laissé ensevelir dans les ombres de la mort les générations qu'il a fait surgir à la lumière et pour la lumière! Non, non, il ne le pouvait pas sans se manquer à lui-même et à sa providence; non, il ne pouvait s'empêcher de tirer les flèches trempées dans le fiel de sa colère; non, il ne pouvait s'empêcher de frapper, de pulvériser ces monstres nouveaux, mille fois plus criminels que les antiques tyrans; non, il ne pouvait s'empêcher de commander au lion endormi de se réveiller et de les dévorer; non, il ne pouvait s'empêcher de précipiter au dernier rang les despotes qui avaient voulu, à la face des nations, prendre la place du Roi des rois. *Et erunt primi novissimi.* Non, il ne pouvait s'empêcher d'avilir au suprême degré, aux yeux de l'univers, ceux qui l'avaient avili aux yeux des peuples. Car manquer de respect, de soumission, de fidélité à Dieu en se révoltant contre lui, n'était-ce point porter leurs subordonnés à leur manquer de respect, d'obéissance, de fidélité, et à se révolter contre eux ?

Pour l'enseignement de tous les rois, de tous les gouvernements, de tous les siècles, il fallait qu'ils fussent dégradés, un objet de dérision, la fable du peuple. Aussi, pour avoir méprisé Dieu, Souverain des souverains, les souverains sont méprisés par leurs sujets ; pour avoir pris la place de la Divinité, Dieu ordonne aux peuples de prendre la leur ; pour avoir insulté, outragé, détrôné la Divinité dans leur cœur et celui de leurs subordonnés, Dieu veut qu'ils soient insultés, outragés, détrônés dans le cœur de leurs sujets, ou par la violence ; pour n'avoir eu foi que dans leur puissance, Dieu veut qu'ils soient sans appui, sans force, sans sagesse, sans lumière, au milieu des convulsions qui bouleversent les empires ; pour avoir voulu anéantir la Divinité, Dieu veut qu'ils soient anéantis et témoins de leur anéantissement, anéantis par les angoisses, les alarmes et la frayeur. Ne dirait-on pas que nous sommes arrivés à ce jour fatal où les rois et les grands vont aller chercher un refuge dans les antres des montagnes pour se mettre à couvert contre la formidable colère de l'Agneau. *Reges eos in virgâ ferreâ, et tanquam vas figuli confringes eos. Et nunc reges, intelligite ; erudimini, qui judicatis terram.* Comprenez donc, ô rois de la terre ; instruisez-vous, vous qui êtes chargés de rendre la justice aux nations. Instruisez-vous, comprenez, gouvernements nouveaux ; autrement, voilà votre avenir, votre destinée, votre lot et votre partage. Quelles leçons aujourd'hui ! quelles leçons depuis un siècle !

Un tyran dit : L'État, c'est moi ; la nation, c'est moi ; Dieu, c'est moi. Et à l'instant, Dieu indigné lui donne, comme au superbe Nabuchodonosor, une âme de bête ; il le frappe d'aveuglement et de malédiction. Son esprit de prudence, de sagesse, se change en esprit de vertige. Il est puni par où il a péché. Il dit : L'Etat, la nation, c'est moi ; et Dieu le force d'accepter pour État un rocher sauvage et stérile. Il dit : Dieu, c'est moi ; et il veut consommer sa sacrilége prétention, par le sacrilége décret de mil huit cent huit, dans l'intention d'emprisonner Dieu et son Eglise ; et par cette entreprise impie, il établit un lit non de justice, mais un lit de mort pour lui et ses successeurs. A partir de cette époque, le caractère de la bête dans sa plénitude !

Divorce criminel, guerres impies, injustes, insensées, attentats atroces et révoltants contre l'oint du Seigneur ! Il marche au précipice, il y tombe. Dieu, consommant sa réprobation, l'élève dans les nues, et comme un vautour infect, indigne de la présence des vivants, il le précipite et le cloue dans l'antre claquemuré d'une roche déserte. Marchant sur ses traces, l'une par lâcheté, l'autre avec une hypocrisie effrénée, deux dynasties disparaissent devant le sifflement des pavés.... Mais, l'enseignement n'est que commencé.

## L'Enseignement.

Il va continuer contre ces artisans moulés par la tyrannie, pour servir la tyrannie ; moulés par l'impiété, pour servir l'impiété. Le Seigneur va être inflexible, sa vengeance est inévitable. Elle va se consommer contre cette caste armée par la tyrannie impie, avilissante, corruptrice, pour tyranniser, corrompre, *affautrir*, abrutir les générations, pour enlever à l'homme créé libre et roi, le sceptre de sa royauté, la royauté de sa conscience, la royauté de sa pensée, la royauté de sa foi, la royauté et la liberté de son intelligence. L'enseignement n'est que commencé. Il va continuer contre ces prétendus organes de la liberté et de la souveraineté des peuples ; contre ces liberticides qui ne se sont instruits, escrimés, qu'à la haine de la liberté. Au seul nom de la liberté d'enseignement, principe et fondement de toutes libertés, ne les voyons-nous pas entrer en fureur, bouillonner comme des volcans, expectorer l'injure infamante, lancer en mugissant les laves brûlantes de la sanglante calomnie? . . . . . . . . . .

L'enseignement n'est que commencé. Il va continuer contre ces lâches amis de la liberté, qui pour elle n'ont jamais eu que des paroles, de vains gémissements, d'inutiles désirs, mais d'action jamais que pour river les fers de l'esclavage, que pour prêter main forte à la grande iniquité. *Et nunc erudimini, qui judicatis terram.* Oui, il faut le répéter devant toute la terre, et la chose est claire comme le grand jour, forte d'instructions, comme la mort et l'enfer : rois ennemis de Dieu, ennemis et tyrans des peuples ! agents des rois ennemis de Dieu, ennemis et corrupteurs des peuples ! faux amis des rois ennemis de Dieu, geôliers de la liberté des peuples! Tous ennemis de Dieu, tous ennemis des peuples, tous ennemis de la liberté, tous félons, tous traîtres au ciel et à la terre ! *Erudimini, qui judicatis terram.* L'heure de la vengeance de Dieu et des sociétés a sonné. Il n'y a plus d'autre récompense pour tous, que le mépris, la haine, la colère, les jours de la désolation et de la grande désolation. L'heure de la vengeance a sonné l'heure d'un nouveau règne......

## L'Ère de la liberté.

Peuple français, l'ère de la liberté est ouverte en vain, si tu laisses subsister le joug de l'abrutissante tyrannie, ce joug de honte, d'immoralité, de corruption et de ruine. L'ère de la liberté est ouverte en vain, si tu t'en tiens à des cris, à de vaines réclamations. Il faut agir : ce n'est pas avec des mots qu'on renverse les boulevards de l'esclavage.

Pour arriver à la place de la liberté, il faut à force de pétitions combattre, mitrailler, miner; faire crouler les remparts de la servitude. C'est là un prélude nécessaire. Du plus vaste drame tel doit être l'exorde. Remparts inexpugnables, dis-tu. Est-ce au lion de Juda à parler ainsi? Inexpugnables! oui, pour les lâches, pour les hommes sans vertu, sans courage, sans cœur, pour des hommes qui ne sont pas des hommes. Inexpugnables! oui, en apparence. Inexpugnables! oui, comme un vaisseau sans cale et sans fret. Inexpugnables! oui, comme un édifice bâti sur le sable mouvant. Inexpugnables! oui, comme une maison élevée sur un marais fangeux. Inexpugnables! oui, comme les vieux murs croulants d'une tour ruinée. Inexpugnables! oui, mais tu n'as qu'à parler, qu'à vouloir et tu les verras écrouler, comme les murs de Jéricho, au son de la trompette de Josué. L'ère de la liberté est ouverte en vain, si tu t'endors à la voix de menteuses proclamations. Si tu ne réclames, si tu ne presses, si tu restes muet, inactif, si tu ne déploies toute ta force et ton énergie, point de liberté pour toi; de nouveau, malheur à toi!

Le despotisme affublé de son lugubre manteau va

marcher dans l'ombre et le silence. Menacé dans son existence, il va renouer la trame et retremper son armure. Je t'en adjure par l'ordre de Dieu, qui t'appelle d'une voix retentissante, ne te fie pas aux mots. Les mots ne sont rien, ou plutôt ils ne sont que des échos précurseurs de l'inauguration de tyrans nouveaux et plus formidables. Les mots ne sont, comme tu le sais, ou du moins comme tu dois le savoir par une trop longue et trop funeste expérience, qu'un masque pour la hideuse hypocrisie. Non, l'aurore de la liberté réelle, de la souveraineté entendue dans son sens large et profond, ne brillera pour toi que lorsque le monopole sera abattu, déraciné. S'il a été le rempart de tous les tyrans, de tous les ennemis acharnés de la liberté, sa chute est la première condition de ta délivrance, le premier pas dans le champ de la liberté. Et de ce premier pas, quelle gloire!

Affranchir la conscience, la pensée, la foi, toutes les générations; ressusciter la confiance, le crédit, la prospérité; rendre au corps enseignant, et malgré lui, sa splendeur antique avec la liberté; quel magnifique spectacle!

Renverser un édifice ruiné, de peur qu'il n'écrase les plus mortels ennemis de la liberté; les traiter avec plus de munificence que ses amis les plus dévoués; quelle générosité sublime de la fraternité! Renouveler ainsi la face du monde, en renouvelant celle de la France, quel triomphe immortel!

J'y consens si tu le veux, la tâche est difficile, mais elle n'en est alors que plus héroïque, et plus glorieuse.

O peuple français, si le sentiment de ta liberté qui fait la richesse, le bonheur, la gloire de l'homme dans ce monde et dans l'autre; si l'instinct de tes plus puissants intérêts ne suffisait pas pour te faire répondre à la voix tonnante de Dieu, qui t'appelle, qui te presse, qui te commande d'une manière impérieuse, qui te menace, si tu n'obéis promptement, de t'abandonner, de conspirer lui-même avec tes ennemis pour t'accabler, t'abîmer, te détruire impitoyablement : si cela, dis-je, ne suffit pas encore, je vais en appeler à tes plus grossiers intérêts, je vais descendre aux comparaisons les plus vulgaires, pour te faire sentir, palper le péril, ta ruine, tant j'ai à cœur ton salut! et je vais te parler de ce que les tyrans ont résolu de te donner pour

## Nourriture, Breuvage et antidote.

Sais-tu, ô peuple français, ce qu'ont fait les rois convertis en tyrans pour te nourrir, mais de quel aliment; pour t'abreuver, mais de quelle boisson; pour te guérir, mais avec quel antidote? Ils ont institué la manutention du monopole...

## Pour te nourrir.

Pour te nourrir, qu'ont-ils décrété? 1° Que dans tout Etat, il n'y aurait plus qu'une seule classe de boulangers monopoleurs, pour te fournir à leur gré du pain, composé non pas de pur froment, mais d'orge, d'avoine, de nielle, d'ivraie, de mille ingrédients dangereux et pestilentiels. A quel prix? au plus haut. 2° Que tu ne peux acheter qu'auprès des privilégiés, sous peine d'amende, condamnation, mort civile ; qu'acheter auprès d'un autre une nourriture saine, de pur froment et à meilleur prix, te rend passible de la peine susmentionnée. Que dirais-tu de ce tyran, qui, par ces articles légaux, voudrait ainsi trafiquer de tes jours, et te faire périr à la longue ? Tu n'aurais ni assez d'indignation dans ton âme, ni assez d'énergie dans ton cœur, pour appeler sur cet homicide la vindicte des lois. Voilà cependant ce qu'ont fait les tyrans par le monopole de l'enseignement.

Ils ont fait plus, ils ont implicitement décrété que toi et tes enfants vous ne pourriez recevoir pour aliment intellectuel qu'erreurs, hérésies, impiété, vices, corruption. Et ici, crime beaucoup plus grand : car il s'attaque non à la partie la plus grossière de toi-même, mais à la plus noble ; non pas à la vie de ton corps, mais de ton intelligence. Devant un tel attentat, resterais-tu impassible, indifférent ? Mais ne deviendrais-tu pas aussi coupable que les tyrans ? Ils ont de plus institué le monopole...

### Pour t'abreuver.

Pour t'abreuver, qu'ont-ils décrété ? Art. 1er. Qu'il n'y aurait qu'une classe privilégiée de marchands de vins pour te fournir le breuvage. Art. 2. Qu'ils seront libres de te vendre des potions détestables, mixtionnées, pernicieuses à ta santé, à ton tempérament. Art. 3. Que tu seras forcé d'acheter auprès d'eux ce dégoûtant breuvage et au plus haut prix, sous peine de confiscation de ta fortune, de ton avenir ; que tu seras, sous même peine, obligé de t'en abreuver. Art. 4. Qu'acheter auprès d'autres marchands d'excellentes et salutaires boissons, ce sera t'exposer à une enquête sévère et te rendre passible de la peine susindiquée ; que te plaindre sera réputé crime de récidive plus grave. Que dirais-tu, ô peuple, de tels tyrans ? tu ne trouverais plus dans les lois de châtiments assez sévères ; et cependant, voilà ce qu'ils ont fait ! Ils ont fait plus. Ce n'est point tes intérêts purement temporels, mais éternels, qu'ils ont mortellement blessés. Ce n'est point à ton corps qu'ils ont donné un breuvage de mort, mais à ton âme ; breuvage obligé, forcé, vendu à hauts deniers. Et à la vue de cet affreux spectacle, tu serais insensible, indifférent ! mais tu serais plus cruel à toi-même que tes bourreaux ! Que sera-ce s'ils ont institué le monopole...

**Pour te guérir.**

Qu'ont-ils décrété ? 1° Qu'une catégorie d'immuables empiriques, de mobiles charlatans, pourront seuls te vendre des antidotes pour tes maladies. 2° Qu'ils seront libres, s'ils le trouvent bon, de te vendre des drogues altérées, vénéneuses, et au plus haut prix. 3° Que tu seras obligé, forcé, sous peine capitale, d'acheter quand tu seras malade ; et quand tu ne le seras pas afin que tu le deviennes, et que tes maladies soient la roue de la fortune et du commerce. 4° Qu'acheter auprès de consciencieux pharmaciens d'excellents et salutaires remèdes et à meilleure composition, ce sera encourir le même châtiment. 5° Qu'acheter même des contre-poisons contre tous ces mortels poisons, ce sera un crime encore plus grave. 6° Que te plaindre même, sera considéré comme une récidive irrémissible. Que dirais-tu, ô peuple ! de tels tyrans, qui te forceraient ainsi à acheter ton empoisonnement et ta mort. Mais tu te sentirais impuissant dans ton indignation! Tu croirais devoir invoquer la vengeance de la terre et même du ciel! Et voilà cependant ce qu'ils ont fait par les articles organiques et antiorganiques du monopole! Ils ont fait plus. Ils t'ont obligé, contraint d'acheter l'empoisonnement et la mort, non pour ton corps, mais pour la partie la plus sublime de toi-même, pour ton intelligence, et non point une mort temporelle, mais éternelle. Ils ont fait plus que de te faire acheter la mort, ils t'ont forcé à la prendre comme aliment, comme breuvage, comme remède : et nous nous étonnons que la foudre éclate sur la tête de tels despotes! Mais ne devrions-nous pas nous étonner bien plutôt, qu'elle ait mis tant de temps à te venger? Et tu resterais, ô noble peuple, impassible devant ce crime social, irrémissible, commis non avec inadvertance, mais avec malice, avec des intentions homicidement réfléchies! Oui, voilà ce qu'ont fait de criminels tyrans par le moyen du monopole des intelligences. Ils ont fait plus que de forcer la nation entière à accepter, ils l'ont forcée même à acheter le poison et la mort pour aliment, le poison et la mort pour breuvage, le poison et la mort pour antidote, non pour le corps mais pour l'intelligence! La cruauté et la malice du crime est inouïe et sans exemple. La vengeance sera inouïe et sans exemple.

Si le crime est connu, dévoilé, ô peuple digne de toutes les miséricordes divines, la blessure n'en reste pas moins une blessure large, profonde, affreuse, épouvantable et presque inaccessible à toute guérison. C'est donc à la partie profondément blessée, presque mortellement attaquée, qu'il faut d'abord porter le fer, appliquer les remèdes extrêmes. Quelque puissants que soient les spécifiques, appliqués aux autres parties, au lieu de guérir, ils ne feront qu'empirer, qu'activer le mal, que lui ouvrir de nouvelles issues, en découvrant la plaie; qu'attirer la gangrène aux parties encore saines, encore intactes, et faire de tout le corps une masse purulente et cadavéreuse, dont l'odeur n'aura plus d'attraits que pour les oiseaux de proie. Jusqu'ici pour guérir le mal, qu'a-t-on fait? J'en appelle aux résultats devant toute la France. On a voulu organiser le travail. Qu'est-il arrivé? désorganisation du travail. On a voulu organiser le crédit. Qu'est-il arrivé? désorganisation du crédit.

Il faut sans doute tenir compte des bonnes intentions, du dévouement même superficiel, de la bonne volonté même des aveugles et des ignorants. Mais il faut tenir les organisateurs pour des utopistes, pour des hommes absolument impuissants; pour des hommes pernicieux, pour des hommes horriblement organisés pour tout désorganiser (et l'expérience parle un langage mortellement épouvantable), tant qu'on n'aura pas appliqué à la blessure principale, fondamentale, son remède propre. Or, le remède au premier chef, c'est, je le répète, la destruction du monopole, et la liberté d'enseignement.

Sans ce remède, les hommes clairvoyants en ont l'intuition aussi profonde que le ciel, le peuple français périra.

Et le moyen d'obtenir le remède? Pétitions, pétitions, pétitions particulières, pétitions collectives, générales, universelles, redoublées, incessantes, écrasantes, et s'il le faut pétitions monstres, comme en Angleterre, traînées par six coursiers fringants. Que tout ce qui a main, encre et plume, signe et ne cesse de signer. Voilà le devoir des électeurs. A l'Assemblée législative, propositions, propositions, à chaque jour, à chaque heure; propositions sur propositions, mitraille, charge redoublée de propositions de la part de tous et par tous; canonner, mitrailler, attaquer, miner, tant que la forteresse ne sera pas renversée et la place emportée : voilà le devoir des élus, voilà le devoir du peuple français tout entier s'il veut être sauvé, son salut est aujourd'hui sa loi et son devoir suprême : *Suprema lex salus populi;* plus tard nous parlerons des devoirs d'une autre classe.

Sans cette conduite, sans ce résultat, il n'est pas un homme clairvoyant, qui puisse douter de la ruine inévitable de la République et des désastres de la France. En vain, on aura proclamé la République, la liberté, l'égalité et la fraternité.

Car, sans liberté d'enseignement, point de libertés vraies, réelles, positives; nous l'avons prouvé. Et nous ajoutons.

## Sans liberté d'enseignement, point d'égalité et de fraternité.

Sans liberté d'enseignement, point de liberté franche, ni sincère, ni réelle; la rigueur de la logique ne laisse pas l'ombre de doute à ce sujet. Et sans liberté, quelle égalité, quelle fraternité possible? Y a-t-il accord de la justice avec l'iniquité? de la lumière avec les ténèbres? du Christ avec Bélial? de la tyrannie avec l'esclavage? En effet, quelle égalité, quelle fraternité possible dans une société qui se divise en deux camps, l'un oppresseur, l'autre opprimé et ne voulant pas l'être : l'un, enlevant à l'autre des biens plus précieux que la fortune, que la vie, les biens actuels et futurs de l'intelligence ; l'autre, ne conservant d'autre avoir que la dégradation de sa conscience, de sa pensée, de sa foi, et revendiquant contre une telle rapine et un tel avilissement. Quelle fraternité possible entre le monopole issu de la tyrannie, de l'impiété et de l'iniquité, et une société qui ne sent qu'avec désespoir peser sur elle les chaînes les plus honteuses ; qui ne voit qu'avec horreur les mains livides et cadavéreuses d'un spectre, imprimer sur toutes les générations une lèpre incurable.

Demander si entre ces deux camps l'égalité est possible, c'est demander si l'égalité peut exister entre le plus cruel des despotes et le plus infortuné des esclaves ; c'est demander si l'égalité peut exister là où il n'y a d'une part que le poids de la plus écrasante injustice, de l'autre que douleur et frémissement d'indignation et presque de fureur.

Demander si entre ces deux camps la fraternité est possible, c'est demander si la fraternité peut exister là où il n'y a que semence et ferment de haine, d'inimitié, de discorde, qu'appareils hideux et formidables de supplices intellectuels, guerre à mort. Si l'accord et la fraternité pouvaient exister entre le monopole et la nation, alors la plus épouvantable des calamités ! C'est qu'alors on aurait abruti la nation jusqu'à lui faire perdre toute lueur de raison, tout vestige de sens commun, il n'y aurait plus de ressource pour elle que l'hospice des incurables. C'est qu'alors on l'aurait tarée par la corruption jusqu'à lui faire perdre tout sentiment de dignité, tout instinct de conservation. Alors, sans vie, frappée de stupidité, cadavre infect d'abrutissement et de corruption, il faudrait lui donner au plus tôt un sépulcre, convier au festin sépulcral, et pour la salubrité du monde, la voracité des infimes vautours.

Non, non, sans la liberté point d'égalité, point de fraternité ni existante ni possible. Ne nous jetez pas, de grâce, tant de mots ronflants à la tête. Tout ce manége n'est que fiction, impudeur du mensonge, artifice d'hypocrisie, piége tendu aux hommes légers, imprévoyants, aux sots et aux niais; déguisement pour marcher à l'exécution des plus sinistres projets, à l'immolation d'une grande victime par la tyrannie et l'oppression! Tout cela n'est qu'un linceul funèbre pour la liberté, qu'un glaive de mort voilé d'un crêpe lugubre.

En venir à la réalité des promesses magnifiques, rien de plus salutaire pour les peuples; mais n'en tenir aucun compte, quoi de plus funeste aux sociétés et surtout aux sociétés en alarmes, en décomposition? c'est à pas de géant les précipiter dans le tombeau, et n'est-ce pas là...

## La cause de la crise actuelle.

Cette liberté sans laquelle tout languit et meurt, crédit, confiance, prospérité et travail, d'où vient qu'elle n'ait pas encore été proclamée purement, simplement, sans entraves, sans restrictions préventives? D'où vient que le gouvernement, qui a promulgué toutes les autres libertés par les trompettes de ses mille et un décrets, ait laissé de côté celle qui est la source de toutes les autres, sans laquelle elles ne sont que des rameaux séparés du tronc; rameaux sans sève, rameaux desséchés! sans laquelle elles ne sont que des fantômes hideux et effrayants. D'où vient donc, d'un côté, cet amour, ce zèle pour la patrie; de l'autre, cette grave inintelligence de ses plus chers intérêts, de son salut? D'où vient que le ministre de l'instruction n'ait pas encore pris cette initiative hardie et salutaire? D'où lui vient cet empressement à stimuler avec tant d'ardeur le zèle des instituteurs primaires, et de l'autre cette persistance à faire peser le poids du fisc sur les chefs du haut enseignement? D'où vient ce non-sens? D'où vient cette générosité constante à offrir aux uns des traitements, et cette insistance à en exiger des autres pour enseigner? D'où vient cette contradiction? D'où vient cette munificence envers ceux qui ont mission d'enseigner l'alphabet, et tant d'exigences à l'égard de ceux qui se sacrifient à la plus haute mission sociale? D'où vient ce renversement de toute raison? D'où vient pour les hommes publics tant d'allégements et de secours, et pour les hommes privés, accablés déjà de si grands sacrifices, tant de charges? D'où viennent tant d'injustices? Etre obligé de payer pour parler, pour communiquer sa pensée, la vertu, la lumière, la science, le plus grand de tous les biens; être obligé de payer pour se dépouiller en quelque sorte de ses richesses, pour s'appauvrir, quelle monstruosité! Jamais, non jamais il n'a été donné qu'aux nations actuelles d'être témoins de tant d'infamies! Où donc, dans un tel partage, cette égalité, cette fraternité tant prônées? Mais ici, il n'y a qu'outrage à la liberté de la parole, à la science, à la lumière, à la liberté individuelle. Que l'oppression de la liberté avec sa dégradante fiscalité ne soit pas encore anéantie; que la strangulation la plus honteuse du droit le plus naturel, le plus sacré se perpétue d'une manière indéfinie; que la contravention la plus formelle au droit de toutes les intelligences, au principe de toutes les libertés publiques soit maintenue en présence de la proclamation de toutes les autres libertés, maintenue par un ministre qui se dit républicain et libéral ! Voilà ce qui étonne, ce qui frappe, ce qui est incroyable. Voilà ce qui force tout un peuple à se demander : Ce gouvernement est-il l'ami ou l'ennemi de la liberté ? est-il en vérité libéral et républicain ?

**Un gouvernement peut-il être libéral, républicain, avec le maintien du monopole.**

Si le gouvernement prétend au libéralisme avec le maintien du monopole, son libéralisme est-il autre chose que la plus sanglante ironie? Se dire libéral, et partisan du monopole, c'est dire : nous voulons la liberté, et nous n'en voulons point. C'est la plus grossière absurdité, c'est dire : nous admettons les conséquences, mais nous rejetons, nous repoussons, nous réprouvons les prémisses qui les ont engendrées.

A un gouvernement qui se dit républicain, ne peut-on pas dire : Choisissez ou d'être républicain libéral, ou de ne l'être pas. Si vous êtes vraiment républicain libéral, ne devez-vous pas et n'êtes-vous pas forcé de vouloir la liberté entière, complète ? car la liberté n'est que la pratique, l'exercice de la vérité, de la justice et du droit. Et si vous la voulez de la sorte, n'êtes-vous pas contraints de la manifester, de la proclamer publiquement? Si vous agissez autrement, qu'êtes-vous ? des républicains tronqués, mutilés, des républicains en paroles, des républicains malintentionnés. Et dans le vrai, vous ne seriez républicains et libéraux, que pour avoir le droit d'être les implacables ennemis de la République! Et c'est avec raison qu'on pourrait vous dire : Ne nous parlez donc plus de républicanisme et de libéralisme; vous n'en avez pas le droit. Ces mots jurent dans vos bouches et jurent contre vous.

Si vous nous adjurez de croire à vos sentiments, pourquoi alors n'avez-vous pas encore proclamé la liberté d'enseignement? Car jusqu'ici, pas la moindre manifestation, pas la moindre velléité, sinon une inimitié, une hostilité secrète que vous avez laissé poindre. Etes-vous ennemis, êtes-vous amis de la République?

Etes-vous ennemis de la République? Ah! si vous vous étiez montrés des républicains dans la force du terme, la confiance ne serait point à néant; le crédit aux abois; les fonds ni à trente, ni à cinquante; mais à cent trente, mais à cent cinquante. Voyez donc ce que vous coûte le monopole, et ce que vous aurait fait gagner la liberté d'enseignement.

Savez-vous ce qui serait arrivé, si vous l'aviez proclamée aussitôt que vous êtes nés? Ceux qui sont l'âme des peuples auraient exalté les populations en votre faveur; et le crédit et la confiance, au lieu de se retirer, seraient allés à vous à flots débordés. Le seul danger que vous auriez couru, c'eût été d'être en quelque sorte submergés.

Veuillez donc enfin ouvrir les yeux et cessez de perdre la patrie, pour prétendre sauver une barque délabrée, que vous ne sauverez point, mais dont vous ne faites que hâter la submersion en voulant la tenir à flot. Si vous n'êtes point les ennemis de la nation, ne vous conduisez-vous pas comme tels? sans cela pourriez-vous être regardés comme les amis de la République.

Quand les motifs de proclamer la liberté d'enseignement sont pressants, d'un poids écrasant pour le salut de tous et de tout; quand ils sont comme un pressoir qui pressure votre inertie, tant est grande l'urgence d'action! quels motifs avez-vous de retenir ainsi la liberté sous les scellés, dans la caisse des consignations? Ces motifs ne sont-ils pas vains? Décèlent-ils des hommes qui aient confiance dans la République; qui aient l'intelligence de ses vrais intérêts? Quels peuvent donc être ces motifs? Serait-ce la peur? serait-ce un dernier reste de prédilection pour les hideux et dégoûtants débris d'un régime impie et tyrannique, d'un régime tous les jours stigmatisé par vous, aujourd'hui maudit d'une voix unanime? Serait-ce la peur? Et la peur de quoi, et de qui? La peur de quoi?

## La peur de la liberté.

Cette crainte, nous diriez-vous, peut-elle entrer dans des âmes sincèrement libérales, dont les paroles, depuis un siècle, n'ont été qu'un vaste et puissant écho, qui n'a cessé de redire jusqu'aux extrémités du monde : Liberté! liberté! Non, je l'avoue, cette crainte ne peut venir à un vrai républicain. Car, un républicain qui n'aurait respiré que liberté, et qui en aurait peur lorsqu'elle déploie ses rameaux verdoyants, ne serait qu'un républicain menteur, égoïste, despote et esclave; qu'un républicain menteur, qui n'aurait jamais eu dans le cœur ce qu'il avait constamment à la bouche; qu'un républicain égoïste qui n'aurait voulu la liberté que pour lui-même et la confisquer à son profit ambitieux; qu'un républicain despote qui n'aurait médité, au moyen d'un honteux charlatanisme, que servitude pour ses semblables; qu'un républicain esclave. Qui a peur du gouvernement qu'il a fondé, a peur de ses œuvres; qui a peur de ses œuvres, a peur de lui-même; qui a peur de lui-même, a peur de sa liberté; qui a peur de sa liberté n'est point libre, mais servile, esclave. Qu'on ne nous parle donc plus de liberté! Qui n'est point indépendant, n'est point libéral, ni républicain. Qu'on ne nous parle donc plus de libéralisme et de Républicanisme!

Le vrai républicain est celui qui a cœur à la chose publique; celui qui a cœur à la chose publique, se dévoue, se sacrifie. Celui qui se dévoue ne craint rien. Les périls et les obstacles sont comme un aiguillon stimulant pour son ardeur. D'un pas sage, prudent, mesuré, mais ferme, mais inébranlable, il marche, il s'avance, il franchit les difficultés. Au lieu de redouter les choses et les personnes, il fait tout reculer devant son dévouement plein d'énergie.

Oh! si telle était la conduite des membres du cabinet actuel, qui n'y applaudirait de grand cœur? Qui ne s'écrierait: Honneur, gloire et triomphe à un tel gouvernement, à un gouvernement qui paraît d'ailleurs entrer franchement dans d'importantes réformes!

Donc, vanité que ce premier motif; vanité que le second, car:

De quoi auriez-vous peur?... De qui? de l'Université ou du clergé; car, il n'y a que ceux-là qui soient redoutables, personne n'étant plus intéressé à la question que ces deux grands corps.

## Peur de l'Université.

Et pourquoi? parce que c'est un corps puissant, une institution antique, un corps qui a rendu de grands services. L'Université, corps puissant...

C'est un corps puissant! Mais veuillez nous montrer cette grande puissance. Au moral, au spirituel, au physique, quelle est sa puissance? Au moral, quelle est sa puissance? nullité complète. Où est sa morale, sa foi et ses vertus? Où en est le niveau des études scientifiques et littéraires? fut-il jamais plus bas? les intelligences furent-elles jamais plus affaissées? les sciences et les lettres, dans une courbature, dans une prostration plus désolante? Ciel, quelle décomposition! Au spirituel, quelle est sa puissance? nullité complète; car quelle est sa religion? Au physique, quelle est sa puissance? corps colossalement puissant; mais colossalement impuissant sous les autres rapports. Il est aussi puissant que le gouvernement défunt. Un souffle, et plus rien! Mais, en dépit de cette profonde faiblesse, admettons que l'Université soit toute puissante, et nous disons: Qu'importe? la crainte n'en n'est pas moins une chimère. Ou les universitaires sont sincèrement républicains ou non.

## S'ils sont sincèrement républicains, rien à craindre.

Car, dans cette hypothèse ne sont-ils point partisans nés de la liberté, pour eux-mêmes et pour tous? Ils comprennent que sans la liberté pour tous, sans exception, sans acception de personne et de nom, il n'y a au fond qu'esclavage pour tous. Ne vouloir la liberté que pour soi ou pour une classe privilégiée, c'est ne la vouloir pour personne, pas même pour ses amis, pas même pour soi personnellement; car la liberté est un bien commun, un droit général. La rendre par conséquent exclusive, c'est lui faire perdre son nom; c'est plus, c'est lui faire perdre son existence et sa réalité.

Les universitaires qui sont dans cette position, sont-ils libres? Non, la chaîne d'esclavage qui les enveloppe est comme indissoluble. Et voilà pourquoi ils n'osent réclamer la liberté, en parler et presque y penser. Il n'y a donc de liberté qu'à la condition de la vouloir pour tous, de la donner à tous.

En effet, les tyrans sont-ils moins serfs, ne le sont-ils pas plus que les opprimés? Les princes, tyrans de leurs sujets, n'ont-ils pas dans chacun de leurs sujets un tyran implacable, impitoyable aux jours des grandes explosions? Non seulement leurs sujets, mais la terre et l'air se transforment pour eux en tyrans. L'air des campagnes, des cités, des places publiques, ont-ils le pouvoir de le respirer librement? Ont-ils quelque part champ libre? Sont-ils libres même dans leurs palais? Ne sont-ce pas des prisons qui font garder à vue leurs prisonniers par des sentinelles de sûreté? Que dis-je, sentinelles de sûreté? le plus souvent satellites redoutables et menaçant la tête qu'ils ont mission de garder, de défendre. Dans un royaume où il y a tyrannie, tout le monde souffre; donc la servitude est pour tous sans exception et au premier degré pour ceux qui en sont les auteurs. Et pour quelle raison?

Nous l'avons dit, c'est que celui qui abuse de la liberté est moins libre en réalité que celui qui subit l'oppression, car l'abus de la liberté est moins liberté que l'oppression même; et voilà pourquoi les oppresseurs sont plus esclaves que les opprimés, et voilà pourquoi les universitaires, qui sont un instrument d'oppression, sont esclaves au premier titre. L'évidence du principe rend ici la conséquence incontestable.

Donc les universitaires qui ont, je ne dis pas quelques sentiments de liberté, mais quelque intelligence de la liberté, de leurs intérêts, de la dignité et de la noblesse, de la grandeur et de la générosité qui doivent être comme naturalisés dans une vaste corporation, ces universitaires, dis-je, sont les plus intéressés et doivent être les premiers à réclamer la liberté. Républicains par conviction, amenant pavillon pour faire hommage à cette maxime, Liberté, Egalité, Fraternité, non, de tels hommes ne sont pas à craindre.

Un gouvernement libéral a donc de son côté la fleur de l'université, ces hommes qui depuis longtemps gémissent de leur servitude et réclament aussi pour eux la liberté avec une muette énergie. Loin d'être des ennemis, ils seront des auxiliaires puissants. Car il faut le dire, et la chose serait immanquable, si une fois le monopole était abattu, les universitaires seraient les premiers de tous à crier haro et à achever impitoyablement la victime; donc, de la part de cette première classe d'universitaires, rien à craindre qu'en cas d'hostilité contre la liberté.

**Si les universitaires sont antirépublicains, antilibéraux, encore moins à craindre de leur part.**

La première chose à faire pour la République, c'est de leur marquer sa générosité, ses sympathies pour leurs plus grands intérêts, c'est de les affranchir malgré eux; car le caractère et les résultats de la vraie liberté, c'est de ne nuire à personne, c'est de favoriser même les prétentions les plus intéressées de ceux qui sont contraires à sa domination. Que s'ils s'obstinent à vouloir rester dans un crétinisme politique, est-ce de tels hommes que la République peut redouter ? est-ce à de tels hommes qu'elle ira sacrifier le droit commun? et, avant ses hauts intérêts, elle mettrait les intérêts mal entendus de serviles privilégiés! et, pour de tristes monopoleurs, elle ferait mentir sa sublime devise! et elle s'arrêterait devant la peur de ces hommes timides, sans énergie, sans résolution! Mais où serait son courage et son honneur? Admettons, par impossible, qu'ils soient très-redoutables.

Dans cette hypothèse, ne serait-ce pas un devoir de précaution impérieuse de niveler l'arbitraire avec lequel ils se sont incarnés, de leur arracher une arme qu'ils pourraient plus tard tourner contre la patrie, de ne leur laisser pour privilége que l'égalité commune? En prenant cette mesure, actuellement appuyé par le concours spontané des masses et de toute la nation, quelle ne serait pas d'une part la force du gouvernement, de l'autre l'isolement, la faiblesse, les dangers de ceux qui voudraient faire résistance? Comme un fragile roseau, ne seraient-ils pas brisés par le flot populaire? En leur faveur, au contraire, violer lâchement le droit commun, les conserver dans un régime exceptionnel, leur sacrifier les intérêts de la communauté nationale, se livrer ainsi à leur discrétion, voilà ce qui serait justement redoutable. Dans ce cas, il y aurait à craindre, non seulement de la part de ses ennemis, mais même de la part de ses amis, de ses partisans les plus dévoués; car, dans une circonstance donnée, ne pourraient-ils pas, au moyen du privilége, porter, comme aux gouvernements précédents, les coups les plus mortels à la République? Donc, rien à craindre des universitaires, soit qu'on les considère comme libéraux ou antilibéraux; donc, sous ce rapport, aucun motif de maintenir, de perpétuer le régime du monopole, motifs, au contraire, et motifs les plus pressants pour le gouvernement de le détrôner et d'en pulvériser le piédestal. Son intérêt et ses principes lui en font un devoir, son salut une impérieuse nécessité.

Donc, plus d'arbitraire, plus de privilége, à bas le monopole! Voilà l'égalité, voilà la vérité de la République, voilà sa sûreté, voilà sa sauvegarde, sa stabibilité et sa puissance.

### L'Université, institution antique...

Antique, quant au nom; mais quant à son régime exceptionnel, quant à son régime de tyrannie, d'arbitraire, d'injustices, de sévices contre la pensée, contre la conscience, contre la foi, contre la vérité, contre la vie de l'intelligence, contre le ciel, contre la terre, quelle est son antiquité ? Où sont ses précédents ? Si elle a un précédent, ce ne peut être que la confusion et le chaos, et alors accordons-lui une antiquité plus antique que la création.

Passons donc, et voyons...

### Les services que le monopole a rendus

Au talent, au génie, à la société, à Dieu, aux lettres et aux sciences.

Prétendre que le monopole est la cause de tous les crimes, de tous les vices, ce serait dépasser assurément les limites du vrai. Car avant lui il y a eu des hommes vicieux et criminels ; après lui il y en aura. Telle est la nature corrompue de l'homme, que malgré l'enseignement le plus religieux, la société ne sera jamais exempte de malfaiteurs. De même, quelque vicieux qu'on suppose le monopole, il y aura toujours, et même dans son sein, par un concours de circonstances indépendantes, des hommes vertueux. S'ensuit-il qu'on doive rester indifférent à l'enseignement religieux ou irréligieux ? Non, assurément. Mais d'après quels caractères l'apprécier ?

L'état général d'une société, des lettres et des sciences, voilà le baromètre infaillible de la nature de l'éducation et de l'état de l'enseignement. Car, d'après quels principes peut se formuler l'état des lettres, des sciences, des esprits et des sociétés ? N'est-ce pas d'après la nature de l'enseignement et de l'éducation ? Ne sont-ce pas les hommes instruits, savants, qui font dominer les idées bonnes ou mauvaises dans les masses? N'est-ce pas leur exemple, leur autorité, leurs paroles qui entraînent tout, d'une manière irrésistible? Or, sous l'empire du monopole, quel est l'état des lettres, des sciences, des esprits et des masses? Cette observation d'une vérité incontestable étant faite, revenons à la série des questions que nous avons posées pour avoir une juste idée des services qu'a rendus le monopole.

Et d'abord, quels services a-t-il rendus au talent? En quoi l'a-t-il favorisé? Fut-il jamais, par l'effet de la servitude, plus aminci, plus circonscrit, d'une nullité plus complète?

Quels services a-t-il rendus au génie? Quel essort a-t-il pu donner au génie, entravé à chaque pas, emprisonné par la servitude comme dans une cage de fer? Quels éléments d'immortalité lui a-t-il offerts? Où sont-ils? Qu'on nous les montre! Car, à part les hommes sortis d'une autre souche, où sont ses immortels? Placés sur la montagne comme d'éclatants flambeaux? cachés sous le boisseau? pas même. Chose déplorable! Presque tous les grands esprits n'ont paru surgir sur l'horizon que pour s'y éclipser comme de brillants météores. On dirait qu'ils ne trépignent d'immortalité que pour aller s'éteindre dans la corruptibilité et la mortalité.

Quels services a-t-il rendus à la société? que lui a-t-il transmis par l'effet de ses systèmes erronés, de ses doctrines souvent fausses, impies, anarchiques? Presque partout l'extinction de la conscience publique, des pensées nobles, des sentiments généreux, des croyances de la foi, de la saine liberté, de la vraie souveraineté; presque partout l'égoïsme, tous les genres de libertinage, la corruption, le malaise, l'anarchie, les tempêtes révolutionnaires, les dislocations violentes, l'imminence de la dissolution et peut-être des plus effrayants désastres! Qu'a-t-il mérité de la patrie, et que mérite-t-il?

Quel service a-t-il rendu à Dieu? Vers ce grand Être, principe et fin de toutes choses, a-t-il fait progresser les intelligences d'un seul pas? A-t-il donné au cœur quelque élan pour élever l'âme vers ces régions célestes et sublimes, pour lesquelles elle est créée uniquement. L'univers peut-il exister dans un autre but que la sanctification des élus? *Omnia propter electos.* A-t-il la conscience d'avoir travaillé dans cette intention finale de la création, ou dans une intention contraire? Que le Ciel nous dise les élus qu'il a produits ou contribué à produire. Ce n'est point là sa mission, nous réplique-t-on. Eh bien! il fallait la laisser à qui de droit et ne pas se l'arroger, ou la paralyser. — Ignoble reproche. — Mais, pour quiconque a la raison saine, peut-il y en avoir de plus grave? N'est-ce qu'une chose légère que de chercher à comprimer, à arrêter, à détruire l'expansion du catholicisme, ce régulateur formidable que Dieu a ajouté à son système gouvernemental, régulateur qui fait voler en pièces tout ce qui ose le toucher; qui toujours a brisé, broyé, tous ceux qui ont l'imprudence de s'opposer à son mouvement électrique?

Si le monopole a été une perpétuelle entrave à cette puissance qui régit le ciel, la terre et l'enfer, et qui, par sa force, se joue dans le gouvernement de l'immensité, à quels dangers imminents n'est-il pas exposé?

Vouloir maintenir l'Université dans des conditions aussi terribles, c'est vouloir qu'elle soit frappée d'anathème, qu'elle soit maudite comme Caïn; c'est vouloir qu'elle soit réduite en débris, et que ses cendres soient jetées au souffle des quatre vents; c'est faire preuve envers elle de l'hostilité la plus déclarée, c'est la traiter en ennemie et avec une cruauté inouïe. C'est vouloir livrer son nom à un opprobre éternel, c'est vouloir amener ses membres eux-mêmes à la renier un jour, à la maudire, à en rougir comme de la chose la plus ignominieuse.

Quels services le monopole a-t-il rendus aux lettres? L'étude des langues! quel état de faiblesse! Les connaissances de la saine littérature furent-elles jamais plus ignorées, les règles du bon goût plus audacieusement violées?

Les examinateurs du baccalauréat ne sont-ils pas, de leur aveu formel, honteux de tant d'ignorance et désolés de cette décadence profonde? Et comment, en effet, secouer cette apathie de la jeunesse, comment la tirer de cette torpeur comme naturelle, sans le levier puissant de la conscience, sans une digue inébranlable opposée aux passions qui bouillonnent dans son cœur, absorbent son âme et dissipent ses forces? En aucun temps, produits littéraires furent-ils plus minces, plus pâles, plus désordonnés, plus alambiqués, plus rabougris, plus chancreux? Encore, si ces avortons n'étaient qu'avortons; mais ils ne sont pour la plupart qu'infection et pestilence. Ils font hurler les mots, les idées, le sens commun et les mœurs. On dirait qu'ils sont taillés pour être rangés dans la classification des monstrueux produits de la nature trompée.

Quels services le monopole a-t-il rendus aux sciences?

Quant aux sciences politiques, voyez malgré certaine réputation de probité l'œuvre des Guizot et consors. La science affinée de la corruption de toutes les consciences, la science de toutes les immoralités, et de toutes les hontes politiques, la science des rapines presque mise à l'ordre du jour, la science de la prostitution des droits civiques, la science de la perversion, de la désorganisation sociale. Et l'éloquence? L'éloquence embrigadée au service de l'hypocrisie la plus révoltante, consacrée à la justification de toutes les lâchetés, de toutes les infamies du dehors et du dedans; à la réhabilitation des mensonges connus, publics, avoués et suravoués, à la justification d'un brigandage digne des bagnes? L'éloquence, jadis fille d'honneur, reine majestueuse; aujourd'hui, dans l'opinion, fille de déshonneur, vraie *meretrix!*

Quant aux sciences historiques, tout a été mixtionné, falsifié, amalgamé; Dieu sait quel pathos! Où croyez-vous que se soient passés le plus souvent les faits, les événements qu'on nous raconte? Sur le théâtre ordinaire du monde? Point du tout. C'est le plus souvent sur le théâtre de quelques cerveaux fêlés d'orgueil, de haine, d'ignorance, de ténèbres, d'une présomption aussi audacieuse que stupide. C'est de ces citernes sans fond, de ces vases percés que sortent les faits héroïques, tragiques et comiques dont on régale l'avide public. *Me dereliquerunt fontem aquæ vivæ, et foderunt sibi cisternas dissipatas quæ continere non valent aquas* (Jer. chap. 2, 13.). Fuyons.

Quant aux sciences philosophiques, quelle lumière! Quel soleil nouveau! Remontez à l'origine du monde. Réunissez dans votre cabinet d'histoire philosophique toutes les erreurs, toutes les hérésies, rationalistes, historiques, politiques, religieuses et antimorales, toutes les absurdités, tous les délires, toutes les extravagances sorties des grandes et des petites maisons, ajoutez à l'entablement le *logos* et l'*antilogos*, le verbe humain et antihumain, *le être* et le non être, le Dieu et le non Dieu, le grand et le petit tout, et vous n'aurez qu'une collection imparfaite de la philosophie actuelle.

Quant aux sciences naturelles et physiques, prodiges sur prodiges! Au rebours des plantes qui exaltent leur tête, on s'est plongé dans la matière jusqu'au cou, et jusqu'au-dessus de l'occiput. Aussi l'âme du chef a été regardée comme un animal, physiquement, matériellement organisée.

Comment voulez-vous raconter ces merveilles mémorables? On a tout connu, il n'y a plus rien à connaître. On a pénétré partout, on est entré partout, dans le ventre de la terre, dans le ventre des plantes, dans le ventre des animaux. On a connu des corps l'entière nature, les propriétés composées, complexes et incomplexes, propriétés physiques, chimiques et organoleptiques.

On a connu que les corps étaient pesants, tombants, gravitants, *caléfaciants*, réfrigérants, compressibles et *décompressibles*, tangibles et *intangibles*, vu le non contact des molécules; qu'ils étaient solidifiables liquéfiables, vaporisables, pondérables et impondérables, mobiles et immobiles, colores et incolores.

On a distingué la lumière des ténèbres. On a senti que la terre était friable; que les pierres étaient dures et par là d'espèce cristalline. On a trouvé dans la structure, animal, végétal, os, peau, fibres, nerfs, veines, artères, muscles, tendons, sève, sang rouge, sang blanc et mille autres merveilles.

Généralisant, on a fait toucher le ciel à la terre

avec une longue-vue. On a connu que l'univers était ellipsoïdal et la terre sphéroïdale. Et pour mesurer toute distance, travaux herculéens d'opérations arithmétiques, géométriques, algébriques; tassement de caractères arabes sur caractères arabes; tassement de lignes sur lignes rectilignes, curvilignes, tronquées, brisées; tassement de formules incomprises sur formules incompréhensibles avec une intention bien arrêtée de faire plaies et bosses [1] à notre mère Tellure. On a passé plus loin. On a connu qu'autour de la terre il y avait de l'air respirable, hydrogéné, oxigéné, carbonaté, azoté. Par ampliation de connaissances, on a changé l'eau en air et on a appelé ce changement vapeur, le plus grand des prodiges humains.

Alors on s'est vaporisé à vaporiser; on s'est vaporisé à casser bras et jambes. Et puis tout le monde de travailler à la vapeur, de ne vouloir plus travailler qu'à la vapeur, et puis tout chacun de se vaporiser, jusqu'à ne pouvoir plus travailler, tant las est le monde de travail et de marchandises de vapeur!

Travail à la vapeur, science à la vapeur et pour la vapeur, de vapeur et par la vapeur. Voilà donc à sa plus haute réalité cette maxime: *Scientia inflat*. Il y a une science qui n'est qu'enflure, *vapeur*. Donc votre science est vaine, et à cause de sa vanité elle est marquée au coin de la réprobation. Donc la science, sous le rapport de sa vanité est à son apogée; sous le rapport de la réalité, elle est à son périgée.

Injustice et persiflage! dira le monopole : méconnaissance indigne des services rendus! Injustice! mes

[1] Mines et fortifications.

inventions, mes découvertes? — Vos inventions, vos découvertes! Eh bien, citez : vous n'êtes que d'hier, vous ne datez que de huit lustres ; vous devez avoir fraîche mémoire, citez. Les auteurs de ces admirables découvertes vous précèdent, ou s'ils ne sont que depuis que vous êtes, ils ne sont pas de vous, ou s'ils ont été avec vous, leur fond n'est pas de vous ; ou s'ils sont de vous, ils sont rares, *apparent rari*. Il faut pourtant l'avouer, vous avez immensément travaillé à compiler, résumer, entasser sur vos vastes greniers les richesses d'autrui. Justice à chacun!

Persiflage! — Entrons un peu dans le sanctuaire du monde matériel et voyons. Le monde matériel sans le monde moral, pour lequel le premier est fait et auquel il est subordonné, qu'est-ce? une vapeur. — Incroyable! dites-vous. — Mais ôtez un peu cette force morale, providentielle dont vous vous attribuez avec orgueil la découverte, et que vous nommez mystérieusement, par une mystérieuse ignorance, attraction, que faites-vous? vous détruisez entre les éléments toute cohésion, toute adhésion. Qu'avez-vous? une vapeur mobile, d'une mobilité et d'une inconsistance prodigieuse. A ne s'en tenir qu'à des déductions physiquement physiques, mais rigoureusement logiques, n'est-il pas physiquement clair que le monde matériel sans le monde moral, n'a plus ni lien, ni force, ni vie. Donc le monde moral est pour le monde physique force, lien et vie. Allons un peu plus loin et profitons du principe convenu.

Par le même procédé, ôtez des sciences physiques la science morale et religieuse, qu'aurez-vous? infailliblement le même résultat, une science vapeur, vapeur mobile, d'une mobilité et d'une inconsistance prodigieuse. Si, dans ce monde, il y a une cause à tout, bien que cachée et inconnue, n'est-il pas inexorablement vrai que l'abandon complet de la science morale a dû inévitablement lancer les hommes toujours avides, toujours dévorés de curiosité, dans les sciences matérielles ? Ils ont dû en épuiser les secrets. La science a donc dû arriver au maximum de sa vanité. Donc, découverte de la vapeur et de ses prodiges, qui étonnent aujourd'hui d'une façon, mais qui plus tard étonneront d'une autre. N'allons pas plus loin, mais constatons :

1° Que le monde matérialisé par la science est une vapeur ; 2° que la science matérialisée par l'homme est une vapeur.

Donc monde et science — Vapeur. Or, comme la vapeur est d'une mobilité, d'une inconsistance prodigieuse, le monde qui en a pris le caractère doit être d'une mobilité, d'une inconsistance prodigieuse. Et cette mobilité, et cette inconsistance sont précisément cette activité qu'on nomme extraordinaire. Or, comme tout ce qui est d'une activité hors de ligne s'épuise après un temps donné ; comme tout ce qui est d'une inconsistance prodigieuse est sans assise, sans appui, il suit matériellement et inévitablement que tout ce qui est matériel doit, à point donné, languir, mourir et périr.

Or, aujourd'hui, par l'effet de votre science d'une mobilité ou d'une activité et d'une inconsistance prodigieuse, qu'est-il arrivé? Travail, crédit, confiance, commerce, tout languit, tout tend à mourir et à périr.

Ne croyez point que les choses s'arrêteront en France ; elles se produiront partout où les mêmes causes sont posées. Ne croyez pas qu'il vous sera donné de paralyser ces effets. Ces effets seront plus forts que tous vos expédients ; ils les bouleverseront, ils les pulvériseront si vous ne détournez les causes qui les ont produits, c'est-à-dire si vous ne rendez au plutôt à la science religieuse et morale son salutaire empire.

Maintenant, est-il constant, est-il d'une clarté toute palpable que la science sans force morale n'est qu'une vapeur, qu'une vapeur persiflante et qui mérite le persiflage et beaucoup plus. C'est une vapeur. La vérité par essence l'a dit avant nous. *Vani sunt homines in quibus non subest scientia Dei* (Sap. 13, 1.). Vains sont les hommes, en qui n'est point la science de Dieu. Vaine est leur science, vapeur est leur science. *Scientia inflat* (Corint. 8, 1.). C'est une enflure : or, que contient une enflure? de la vapeur. C'est plus, c'est une folie ; c'est un marche-pied pour le crime, la vérité l'a dit avant les statistiques affreuses des tribunaux : *Scientiam eorum stultam faciens* (Is. 44, 25). Aussi, la science naturelle, si féconde, si utile, si admirable, si merveilleuse, n'est plus sans la science de Dieu, qu'une science criminelle, désastreuse pour les individus et pour les sociétés. Le raisonnement le plus grossier comme la plus lamentable expérience le prouve.

Aussi, la séparation des sociétés et des sciences d'avec le principe de tout être et de toute lumière, n'est qu'une déclinaison, une chute vers le néant. Or, les sociétés et les sciences aujourd'hui sont séparées de Dieu ; donc pour elles plus de force astringente et directrice, plus de cohésion, c'est-à-dire de force morale ; donc elles doivent être comme des chevaux fougueux sans rênes dirigeantes. Donc elles doivent être à l'état de vapeur inconsistante et mobile.

En effet, qui pourrait méconnaître que ce ne soit

là leur état. L'objet, le point culminant et final de la science actuelle, n'est-il pas la vapeur ? L'instrument de l'activité humaine n'est-il pas la vapeur ? Il est donc avéré, comme deux et deux font quatre, que les causes morales ont leur irrésistible et inévitable contre-coup dans l'ordre physique. Or, aujourd'hui tout est à la vapeur et par la vapeur : aliments, vêtements, travail et marche de l'homme, idée, expression et diffusion de la pensée, vie matérielle et intellectuelle. Serait-ce là une prophétie menaçante de la vaporisation complète et peu éloignée du monde matériel ? Serait-ce là comme le grand prélude de la dissolution prochaine de l'univers ? car tout se lie, tout s'enchaîne dans l'ordre matériel et physique. Si de l'ordre moral dépend l'ordre physique ; si l'état du premier est comme le cachet du second ; si les progrès ou la décadence du premier entraînent invariablement les progrès ou la décadence du second : de la dissolution de l'ordre moral ne s'en suivra-t-il pas l'inévitable dissolution de l'ordre physique ? N'est-ce pas ce que nous fait entendre l'Ange de l'Apocalypse, qui de son vol a mesuré l'étendue des siècles ? Chez tous les peuples, le désordre moral ne semble-t-il pas toucher à son comble ? La désorganisation et la dissolution ne paraissent-elles pas à leurs dernières limites ? Or, comme la vapeur est l'absence de la solidité, de la vérité, il faut donc au plus tôt, et sous peine de graves périls, se rattacher solidement à la vérité.

Quels services le monopole a-t-il rendus aux sciences morales et religieuses ? Oserons-nous soulever le voile qui couvre le tableau le plus hideux, le plus désolant et le plus effrayant ? En fait de religion et de morale, que nous a légué et qu'a pu nous léguer le monopole? Je tremble d'aborder ce spectre formidable qui tient en alarmes et fait trembler toutes les nations de l'Europe. Quelle religion nous a léguée et a pu nous léguer le monopole? Serait-ce le communisme cette religion étrange dont le but est l'injustice, le vol, le pillage, le brigandage, la ruine de la société par le feu et par le sang; religion dont les apôtres innombrables apparaissent partout comme des fantômes effroyables et faisant frémir l'humanité d'épouvante.

Quoi, le communisme avec l'enseignement de mes aumôniers! — L'enseignement de vos aumôniers, ne nous en parlez pas! L'enseignement de vos aumôniers reçu avec un mépris formel, avec une dérision impie, paralysée, avec un parti arrêté, loin d'être un obstacle au communisme en est le déchaînement. — Le communisme! mais comment?

— Le communisme, vous l'établissez en principe dans le cœur des générations adolescentes, et par là dans celui des mêmes générations devenues viriles qui, tirant les conséquences des principes, joignent la pratique aux préceptes, et par là dans celui des masses pour qui les paroles et les exemples des hommes riches et instruits, sont des leçons d'un succès infaillible, d'une autorité irrésistible, quand s'y joint le langage des intérêts et des passions. Le communisme posé en principe dans le cœur de la jeunesse, a envahi et dut envahir comme un torrent débordé toutes les classes sociales. Infiltré des plus hautes régions jusque dans les plus basses, qu'a-t-il fait de tout un peuple? une société de communistes. Mais comment a-t-il été posé en principe dans le cœur des jeunes générations? Quelle est la racine et le principe générateur du communisme? répondez. De votre aveu formel n'est-ce pas la cupidité, l'ambition sans frein, cette soif insatiable et inextinguible des biens présents? Avoir et toujours avoir! Avez-vous eu pour but de détruire dans la jeunesse cette avidité indestructible qu'on appelle espérance, innée dans son âme comme dans celle de tous les autres hommes? —Non, me répondez-vous.— Eh bien, avez-vous proposé un objet à cette avide espérance? — Oui, me répliquerez-vous? — Eh bien, quel objet? Sont-ce les biens intérieurs de l'esprit, de la vertu? Sont-ce les biens immortels d'une vie à venir, qui par le baume des promesses calment toutes les douleurs, adoucissent toutes les misères, tempèrent et règlent les désirs, opposent une digue aux flots impétueux des passions? Ces biens, dites-vous, vous ne les connaissez point, vous ne vous en inquiétez point, vous n'en voulez point; et vous tâchez que ceux qui sont sous votre tutèle pensent et agissent comme vous. Et dans ce dessein vous avez toujours opposé une barrière infranchissable à l'empire du catholicisme en faisant semblant de l'appeler à vous. Si ce ne sont pas là les avantages que vous avez proposés à l'adolescence, quelle est la nature de ceux que vous leur avez offerts? Car, si vous disiez que vous n'en avez proposé d'aucun genre, ne vous proclameriez-vous pas plus cruels que des bourreaux, plus barbares que des sauvages?

Ne pouvant, pour l'honneur de vos sentiments, faire une supposition aussi injurieuse, quel est enfin le genre de biens que vous avez offerts pour objet à l'avide espérance de la jeunesse? Ce sont, dites-vous, les biens du temps, les plaisirs, les joies de la vie, les dignités, les honneurs, la réputation et l'immortalité mortelle. — Or ces biens, sans subordination à des biens infinis, sans tendance vers leur but naturel, sont le désordre même, c'est le moyen pris pour la fin, c'est la perturbation de toute harmonie. Ces biens sont-ils autre chose par eux-mêmes que des aliments pour surexciter la cupidité, l'orgueil, l'ambition sans jamais pouvoir les satisfaire ; qu'un feu pour attiser les passions, pour les rendre impétueuses, dévergondées, furieuses, implacables par l'impuissance d'une satisfaction complète ? C'est donc allumer dans le cœur de l'homme et dans le sein de la société un incendie immense, dévorant, inextinguible. Or, ces désirs incessants et renaissants avec une impétuosité toujours nouvelle, avec cette cupidité toujours insatiable et jamais rassasiée, cette ambition sans frein et croissant sans mesure, n'est-ce point là précisément le principe radical et générateur du communisme ? Si vous en connaissez un autre, nommez-le ; mais nous vous défions de nous en assigner un autre. Donc, en vertu de ce premier aveu, vous êtes inexorablement forcé d'avouer, si vous êtes sincère, que vous posez en principe dans le cœur de la jeunesse le communisme, et qu'il vous est impossible, d'après votre point de départ, d'y établir autre chose. Donc, d'après vos doctrines, vous êtes forcé vous-même d'être communiste et de rendre la jeunesse communiste ; car vous êtes contraint d'avouer, et vous l'avez avoué, que vous n'avez et que vous ne pouvez avoir pour mobile, et d'autre mobile pour vos maîtres et vos élèves, que la cupidité, l'ambition et l'orgueil. Donc, par principes, vous êtes forcément communiste ; et, communiste forcé, pouvez-vous faire autre chose que des communistes ? Non, vous êtes dans l'impuissance d'atteindre un but différent. La jeunesse moulée, formulée par de tels principes, pourra-t-elle échapper à l'influence du communisme? elle, dont vous avez déchaîné l'effervescence ; elle, dont vous avez affranchi les penchants de toute règle, de tout guide, de tout frein ; elle, en qui vous n'avez excité que les attraits des plus insatiables, les plus immenses désirs ; elle, à qui vous avez présenté les succès humains comme les seuls dignes d'être achetés à tout prix ; elle, à qui vous n'avez cessé de crier par l'autorité de vos paroles et de vos exemples : Il faut parvenir, il faut parvenir ; elle, à qui vous n'avez cessé de répéter : Les biens du temps, voilà les seuls biens capables de satisfaire, il n'y en a pas d'autres, voilà le bonheur suprême, appréhendez, appréhendez-les ; et cette jeunesse ne subira pas l'incxorable influence du communisme? ce sera là sa morale ! Ce sera, d'après cette morale qu'elle formera sans s'en rendre compte, ses habitudes, ses goûts, ses convictions, et qu'elle déterminera son avenir ! Dans l'industrie, le commerce, elle portera le communisme avec elle : avoir et toujours avoir, avoir aux dépends des sueurs, des travaux et du sang du pauvre ! De là cette féodalité industrielle mille fois plus terrible que la féodalité territoriale d'autrefois, faisant peser toute sa barbarie et son immorale avarice sur la masse des prolétaires qui ne lui voueront que haine et que vengeance, en devenant à leur tour des communistes implacables !

Dans les charges et les emplois, elle portera le communisme avec elle : piller, voler, dilapider, voilà son principe. De là, dans les plus hautes régions, ces incroyables scandales, ces innombrables et continuelles dilapidations de la fortune publique ! de là ces impôts énormes et toujours croissants pour satisfaire la voracité d'une tourbe de vautours toujours plus affamés !

Elle portera le communisme avec elle jusque dans les jouissances de la vie : de là ces prodigalités scandaleuses et insensées ! Elle mettra au service de ses délectations sensuelles tous les biens qu'elle a et même ceux qu'elle n'a pas.

Elle portera le communisme avec elle dans l'expression de sa pensée : dans ses écrits on ne verra point briller d'autres doctrines. De là, ce déluge de romans, de journaux, de feuilletons mis à la portée de toutes les capacités intellectuelles et pécuniaires, qui ne sont qu'un tableau vivant du communisme, qu'un attisement continuel des passions les plus mauvaises !

Et le peuple lisant, comprenant, entendant, voyant avec ses yeux de lynx ne serait pas communiste !

Et le peuple, témoin de l'avarice, de la cupidité, de l'inexorable féodalité industrielle, de ce pillage fait à son sang, à ses travaux, à l'honneur de ses enfants, ce peuple malheureux, démoralisé, ne serait pas communiste et furieux communiste !

Et le peuple, témoin oculaire et auriculaire de ces immenses scandales, de ce brigandage partant des plus hautes régions pour venir aboutir aux plus basses, en se repliant dans ses propres réflexions, ne sentirait pas fermenter, s'enflammer en lui les idées du plus pur communisme !

Et le peuple, témoin de ces pompes brillantes, tumultueuses, de ces scènes de luxe et de volupté, ne sentirait pas, lui aussi, le besoin de jouir, et il ne sentirait pas ce travail sourd et profond qui s'opère dans ses entrailles et qui le transforme en communiste !

Et le peuple, entendant par les mille trompettes de la presse prêcher le communisme sous toutes ses faces, sous toutes ses formes magiques, ne sentirait pas s'exalter sa tête, son cœur bouillonner de communisme comme le cratère d'un volcan!

Et le peuple entendant chaque jour prêcher sans tempérament religieux cette maxime vraie en elle-même, devant Dieu et devant la loi tu es à l'égal de tous, lui voudrait d'une égalité fictive! Et lui, voudrait de cette infériorité de position qui lui paraît si odieuse, si insupportable! Et lui, ne voudrait point à tout prix l'égalité des fortunes, sans laquelle il ne voit qu'une lettre morte, une duperie! Son inflexible logique le force à être communiste.

Et le peuple chaque jour entendant tous les échos d'alentour faire résonner ces paroles à ses oreilles : tu es roi, tu es souverain, lui, ne voudrait point être roi! Lui, qui n'a ni parcelle de fortune et d'autorité ne voudrait pas être souverain par la fortune et par l'autorité! Lui, ne voudrait pas avoir son tour! Lui, voudrait toujours être pauvre et souffrant en voyant les autres profiter de ses labeurs et de ses souffrances pour être riches et heureux! Lui, voudrait toujours manquer de tout, du nécessaire avec sa femme et ses pauvres enfants en voyant les autres dans l'abondance et la surabondance! Il veut absolument être roi; non seulement il ne veut plus d'infériorité, mais plus même d'égalité, il veut la souveraineté réelle, et prétend à tout prix remplacer la féodalité bourgeoise en s'emparant de ses richesses. Sans cette condition il ne voit dans la souveraineté qu'une flatterie pour son amour-propre redoutable, qu'une dérision à sa misère.

Et ces multitudes innombrables à qui vous n'avez cessé de prêcher le communisme par votre coupable avarice, par votre insatiable soif d'avoir et de tout posséder, par vos principes, par votre conduite, par vos exemples; en qui vous avez déchaîné ces désirs ardents, ces passions impatientes, insatiables, turbulentes; à qui vous avez enlevé l'espérance des vrais biens de l'immortalité, qui tarissent la source de tout mal; que vous avez rendus impies, incrédules, et ces multitudes innombrables ne seraient pas communistes! elles le sont et pour votre malheur. Malheur à vous! Ici la foi fatale de la reversibilité! vous leur avez enlevé les biens de l'éternité, ils vous enlèveront les biens du temps! N'est-ce pas ainsi que le juste juge se prépare à châtier? En 93, conspiration des serfs contre la féodalité territoriale, aujourd'hui contre la féodalité de la bourse et de l'industrie, conspiration des prolétaires, mais conspiration beaucoup plus terrible!

Le communiste infiltré dans les entrailles de la société, a pénétré partout, il a envahi toutes les classes, toute la France, presque toute l'Europe. Formulé en système, préconisé par la voix unanime et universelle de la presse, il marche maintenant à front découvert, bannières déployées. Chaque jour il s'accroît et prend des proportions gigantesques et effrayantes. Il élève maintenant sa tête audacieuse jusqu'aux nues. Incarné dans des millions d'individus comme dans une armée innombrable, il est plus menaçant que la mort et l'enfer. Qui arrêtera sa marche qui paraît irrésistible? La liberté d'enseignement seul! Dieu n'opérera de prodiges pour le salut des peuples qu'à cette seule condition. Autrement on verra les partisans de cette doctrine monstrueuse se ruer sur la société pour la démanteler, la déraciner de fond en comble. L'avenir est sombre et lugubre comme les régions de la mort! Tel est le fruit du monopole, les rois ont semé du vent, ils vont recueillir les tempêtes, ils ont fabriqué des verges de fer pour se faire fustiger d'une manière sanglante; les riches et la bourgeoisie en soutenant avec le monopole les principes du communisme ont évoqué les Euménides infernales pour se faire dévorer. Piller, saccager, incendier, brûler, tuer, voilà le terme du communisme. Sa devise aussi est : Liberté, Egalité, Fraternité ; mais liberté pour tous les attentats et les forfaits ; mais égalité pour tout niveler, écraser ; mais fraternité comme signe de ralliement pour le crime et dans le crime.

Riches et puissants, bien que pour la plupart communistes aussi par principes et en pratique, lorsqu'il s'agit d'attirer à eux, seront par la même raison anticommunistes lorsqu'il s'agira de se dessaisir; de sorte qu'il se prépare dans la société une collision des plus épouvantables entre les possesseurs et les prolétaires.

Le monopole, cause radicale et propagatrice du communisme. — Le communisme, cause immédiate et dernière de la ruine des sociétés. — Donc, ruine du monopole ou ruine de la France.

Ici, il n'y a ni milieu ni alternative. Il n'y a pas à se débattre, à contester, à temporiser ; car, conduits par la rigueur de l'inflexible logique, nous avons suivi le monopole pas à pas, nous l'avons débusqué dans tous ses retranchements. Acculé à la muraille, s'il est sincère, n'est-il pas forcé à cet aveu : Oui, le monopole est la cause principale du communisme. Nous le répétons donc, ruine de cette cause ou ruine de la France ! Donc, tout le monde à l'œuvre, sur-le-champ, pour arrêter le torrent dévastateur. Pour comprimer ce fléau sinistre et menaçant, y en a-t-il un seul qui ne doive intervenir ? Y en a-t-il un seul qui ne soit intéressé à intervenir, qui ne doive se sentir pressé d'agir à la vue de ces flots amoncelés et tumultueux qui menacent de tout engloutir, riches et pauvres, grands et petits, ouvriers et bourgeois, prolétaires et industriels, prêtres et universitaires, amis et ennemis, gouvernés et gouvernants.

Les intérêts les plus pressants de tous et de chacun commandent donc à tous, avec une impérieuse nécessité, de réunir leurs efforts pour conjurer le mal, d'y travailler tous avec toute l'activité et l'ardeur de leur zèle. Car dans cette intervention le salut de tous ! Sans cette condition, le fléau dévorera tout, université, clergé et gouvernement.

Mais comment interviendra-t-on? mais qui interviendra?

Comment interviendra-t-on? Sera-ce en détruisant le monopole, cause première, radicale et principale du communisme? C'est là, en effet, le seul moyen salutaire et efficace pour sauver la société; là seul est son salut.

Mais ne s'arrêtera-t-on pas à des demi-mesures? Mais n'entreprendra-t-on pas de paralyser simplement les effets du communisme, en s'entêtant, en se faisant une gloire de maintenir son principe le monopole, en jetant le plus arrogant défi à la Providence, qui est près de déchainer les tempêtes et de commander à l'ouragan le plus furieux d'exercer ses vengeances? Mais ne savez-vous pas que tant qu'une cause mauvaise est vivace et reste posée en principe dans une société, que lorsqu'elle est ancrée dans son sein, ne savez-vous pas que c'est en vain qu'on veut arrêter ses progrès, si on ne l'extirpe dans sa racine. Cette cause marche et marche toujours, et fait marcher derrière elle ses inévitables effets, ses inexorables conséquences, conséquences d'autant plus terribles qu'on a voulu y opposer une plus opiniâtre résistance. Vouloir simplement arrêter ses efforts, sans toucher au principe, qu'est-ce? C'est vouloir opposer des digues toujours nouvelles au cours impétueux et irrésistible d'un grand fleuve. Ce n'est rien autre chose qu'accumuler ses vagues irritées pour les rendre plus furieuses, plus implacables; pour augmenter leur force et leur violence, afin de rompre la digue avec plus de fracas et d'impétuosité; afin de rendre le débordement plus épouvantable et la submersion plus générale et plus désastreuse. Ce n'est donc là que reculer la collision pour la rendre plus sanglante et plus tragique.

Qui donc arrêtera le communisme? Sera-ce l'Université? Sera-ce le gouvernement? Sera-ce le clergé? Sera-ce la Divinité?

Sera-ce l'Université, elle qui a enfanté, nourri, *éduqué*, développé le communisme; elle que ce principe domine de toute sa hauteur et de toute sa force?

Sera-ce le gouvernement, lui qui est en partie, pour ne pas dire en totalité dominé par ce principe, lui qui paraît jusqu'ici s'obstiner non seulement à maintenir, mais à fortifier ce principe en fortifiant le monopole, principe posé par ses devanciers pour être leur propre tombeau?

Sera-ce le clergé, qui lui est sans doute opposé par principe, mais qui, par faiblesse de conduite, lui a prêté main-forte sans le vouloir directement et sans s'en rendre compte? En aura-t-il la volonté, le courage et la force?

Sera-ce la Divinité? Oui, si les hommes sont fidèles à la lumière; oui, si secondant de leur concours son action providentielle, ils attaquent avec énergie et sans délai temporisateur le communisme dans sa racine et son principe. Dans ce cas, Dieu fera des prodiges, mais autrement, non; car si les hommes se montrent rebelles à la lumière, inactifs, indifférents, il forcera le communisme à tout détruire, et le forcera à se produire dans ses conséquences les plus extrêmes; il le forcera à porter partout la dévastation et la ruine. L'édifice social, avant de le réédifier, il le renversera de fond en comble, il ne laissera pas pierre sur pierre. *Audite hæc omnes gentes*. Car voici ses allures et sa marche tracée naguère à peu près en ces mots par la main d'un poète politique bien connu: « Précipiter la banqueroute; » ruiner les riches sans enrichir les pauvres; anéan- » tir le crédit qui est la fortune de tous, et le travail » qui est la fortune de chacun; abolir la propriété et » la famille; promener des têtes sur des piques; » remplir les prisons par le soupçon et les vider par » le massacre; mettre l'Europe en feu et la civilisa- » tion en cendres; égorger la liberté, étouffer les » arts, décapiter la pensée, nier Dieu, ériger des au- » tels à Marat et à Robespierre; remettre en mouve- » ment ces deux planches qui ne vont pas l'une sans » l'autre, la planche des assignats et la bascule de la » guillotine; faire froidement ce que 93 a fait ar- » demment; nous montrer, au lieu de l'horrible dans » le grand, le monstrueux dans le petit. » Voilà la nature d'une certaine république dont la tête est le communisme.

N'est-ce pas là la vérité flamboyante comme un incendie de lumière? S'il faut respecter les personnes, déplorer leurs erreurs, leur aveuglement, l'imminence du péril pour le salut de tous n'exige-t-il pas que la vérité impartiale, inflexible à l'égard de tous, redouble et multiplie ses éclairs? Car n'épargner la vérité à personne, c'est montrer le péril à tous. Montrer le péril à tous, c'est montrer à chacun par où il a péché, c'est lui montrer la plaie, c'est l'inviter à se guérir, à se sauver : ce n'est que dans ce procédé qu'est le remède et le salut pour tous. Aujourd'hui donc, la vérité et rien que la vérité, tel nous paraît le devoir impérieux de celui qui ose ouvrir la bouche devant une nation en péril.

Ainsi, l'Université, pour avoir été asservie, n'a été qu'un arbre stérile ; pour avoir été comprimée, ses rameaux au lieu de s'étendre se sont collés les uns aux autres et n'ont produit que des fruits *crapis*, empoisonnés. Ainsi, destruction au plus tôt du monopole. C'est l'intérêt de l'Université qui le demande d'une voix beaucoup plus éloquente que des paroles ; car, nous le répétons, vouloir conserver l'Université, par la conservation du monopole, c'est vouloir la sauver pour ainsi dire en l'immolant.

Ainsi, la crainte de rendre leur position précaire à d'honorables pères de famille, est précisément ce qui la rendra non seulement précaire, mais qui la détruira.

Car la ruine de l'Université, par l'effet du monopole, entraînera la ruine des personnes et des traitements. Ainsi, demander la ruine du monopole, c'est demander la liberté, le maintien et le salut de l'Université. Ainsi, en combattant si vivement contre le monopole, c'est, je le dis avec la plus haute conviction, combattre pour l'Université. Voulez-vous avoir le secret de cette conviction, conviction que rien ne pourrait faire changer, même à l'égard des ennemis les plus déclarés ; c'est que, et les faits sont d'accord avec ma pensée, c'est que tant qu'il y a une classe de citoyens esclaves dans une société, il y a menace d'esclavage pour toutes. Le glaive de la tyrannie est tiré contre toutes.

En voulez-vous la preuve tirée des faits non éloignés, mais présents? Qu'a fait Napoléon après avoir mis en coupes une conscription d'esclaves pour l'enseignement? n'a-t-il pas asservi son armée? n'a-t-il pas asservi les Cinq Cents? n'a-t-il pas asservi l'administration? et, l'insatiable ambition croissant avec sa puissance, n'a-t-il pas tenté d'asservir le clergé, le Souverain-Pontife, l'Eglise, le monde entier? Et, en asservissant, que lui est-il arrivé? Qu'a fait la Restauration, qu'on ne peut accuser d'intentions bien hostiles? Eh bien! la Restauration, en conservant la servitude du monopole, a été poussée par cette influence servile à asservir le clergé par l'enseignement des quatre ineptes articles. Elle a eu des tendances vers l'antique féodalité, vers une aristocratie tyrannique; et, en asservissant, que lui est-il arrivé? Qu'a fait la branche cadette, avec la promesse de la liberté d'enseignement? En conservant le monopole, elle a tout asservi, chambres, corps électoral, bureaucratie. Elle a tenté d'asservir l'armée, le clergé et toute la nation; et, en asservissant, que lui est-il arrivé? Le passé prophétise donc l'avenir.

Ainsi, tant que vous verrez une classe de citoyens esclaves dans un État, dites: — le glaive de la tyrannie est tiré contre tous; dites: — l'esclavage d'une classe est une menace contre toutes. Quand la tyrannie se glisse comme un serpent pour envelopper la société entière de ses replis tortueux, dites: — symptômes d'une horrible servitude, symptômes d'une grande ruine!

Donc, tous les hommes amis de la liberté, les

universitaires avant tous et dans leurs plus grands intérêts, devraient, à cris redoublés, demander la destruction du monopole, la liberté d'enseignement, qui, loin de nuire à personne, serait absolument à l'enseignement ce qu'est la liberté à l'industrie et au commerce; liberté qui, loin de nuire, fait tout prospérer et fleurir; liberté qui devient même plus profitable aux monopoleurs qu'à tout autre; liberté sans laquelle tout languit, se flétrit et meurt.

Ainsi, si on envisage les motifs de crainte de la part des universitaires, ces motifs sont vains, ridicules. Il y a plus : motifs de la part des intérêts universitaires, motifs de la part de la liberté, motifs de la part du salut gouvernemental, et motifs les plus pressants pour l'abolition du monopole sans délai.

Donc, point de peur à avoir de l'Université; ce qui arrête, serait-ce la peur du clergé ? Et pourquoi? Serait-ce parce qu'il est ennemi, ou trop ami de la liberté véritable? Vains motifs.

## Le clergé est-il l'ennemi de la liberté?

S'il est ennemi de la liberté, serait-ce de la liberté fausse ou de la liberté véritable? Dans le premier cas, honneur à lui! Il mérite des applaudissements non seulement de la France, mais de tout l'univers. Et, de grâce, veuillez apprendre ce que c'est que la fausse liberté. La fausse liberté, c'est l'abus de la liberté. Et ne savez-vous pas que l'abus de la liberté est beaucoup plus funeste à la liberté réelle que l'oppression. Abuser, c'est consumer, détruire; opprimer, c'est empêcher l'usage, mais ce n'est pas détruire la chose propre à l'usage. L'abus est à l'oppression ce qu'est la prodigalité à l'avarice. Or, veuillez nous le dire : qu'y a-t-il de plus funeste à la fortune, ou de la prodigalité ou de l'avarice? Et dans la réalité, qu'est-ce que la fausse liberté? La ruine positive et directe de la liberté. Car, qui dit fausseté, dit erreur ; qui dit erreur, dit absence du vrai ; qui dit absence du vrai, dit absence de la réalité ; qui dit absence de la réalité, dit absence d'être moral et physique. Donc, la fausse liberté est l'absence même de la liberté ; donc, l'absence de la liberté est en raison directe de sa fausseté, et réciproquement. Dire que le clergé est ennemi de la fausse liberté et de la fausse république, c'est le glorifier, c'est l'exalter, c'est porter son triomphe jusque dans les cieux. Le lui reprocher, c'est lancer de la boue contre la splendeur des cieux, c'est se couvrir soi-même de honte et d'opprobre.

Oui, oui, le clergé et les partisans sincères de la vraie liberté sont ennemis de la fausse liberté, et ils doivent en être les ennemis invincibles. Et qui ne se glorifierait d'être d'un tel parti? Etre d'un tel parti, c'est être républicain radical. Donc, en vérité, rien de plus républicain que le clergé. Et sa religion, et sa morale, et ses dogmes, et sa constitution, et son organisation, et ses armées de martyrs ne proclament-ils pas qu'il ne peut y avoir rien de plus radicalement républicain et de plus radicalement libéral?

## Le clergé serait l'ennemi de la liberté véritable!

Mensonge, calomnie, imposture de la part de tous les imposteurs, de tous les égoïstes, de tous les charlatans, de tous les revendeurs de guenilles *politico-*

*libérales*, qui tendent, à quoi? à abrutir, à corrompre les peuples, pour escamoter à leur profit toutes les libertés.

O peuple! que l'expérience t'apprenne à te défier de ces espèces d'amphibies qui vivent sur la terre et sur l'onde : sur l'onde, pour nager dans les promesses ; sur la terre, pour y creuser le tombeau de leurs promesses.

Le clergé est-il bien l'ennemi de la liberté véritable? Laissons parler les faits. Leur éloquence défie tout l'artifice d'une menteuse éloquence. A toutes les nations du monde, qui a apporté la vraie liberté ? Sont-ce les brodeurs de libéralisme, ces comédiens mal chaussés, ou le clergé? Qui, par sa doctrine, a chassé partout l'esclavage? Est-ce la philosophie geôle de la vérité ou le catholicisme ? Qui a émancipé tous les peuples, toutes les tribus, toutes les conditions? Sont-ce les disciples de Saint-Simon, ou les disciples du Christ? Qui a enfanté les lois vraiment libérales? Qui a chassé la barbarie? Qui a enchaîné la tyrannie et la fureur des tyrans et des princes barbares? des Genseric et des Attila? Qui a donné à toutes les institutions cet essor civilisateur ? Qui a affranchi des ravages inexorables du temps les trésors littéraires et scientifiques, lumière des siècles passés ? Qui a jeté sur les arts et sur les sciences endormis ce souffle vivificateur? Qui a donné à la toile, à la pierre et au marbre la liberté de la plus éloquente parole? Qui a lancé jusqu'aux cieux, pour y porter nos vœux, nos larmes et nos prières, notre amour et notre reconnaissance, ces monuments gigantesques et incomparables? Qui a affranchi les idées et leur a donné ce parcours immense et sans limites? Qui a affranchi jusqu'au sol même, jusqu'aux déserts ? Qui leur a commandé de se changer en oasis fertiles et enchantées? Dans quelle terre ont germé ces trois sublimes idées : Liberté, Egalité, Fraternité, que la République inscrit sur son front et sur le frontispice de ses établissements nationaux? Imprudents calomniateurs, hommes éhontés, pierres taillées dans les sépulcres infernaux, taisez-vous, la pudeur et la vérité vous l'ordonnent. Osez-vous faire mentir la civilisation, les arts et les sciences, et tous les monuments et les annales de tous les peuples, et votre propre conscience? Taisez-vous, ni la puissance de vos préjugés, ni la grossièreté de votre ignorance ne peuvent excuser votre mauvaise foi insigne. La lumière est plus vive et plus éclatante que celle du soleil en son midi. Taisez-vous et cessez de vous inscrire en faux contre le témoignage le plus imposant, le plus solennel, le plus universel quant au temps, aux lieux, aux personnes; car, de son poids énorme, il écrase toutes vos coupables assertions. Taisez-vous, et cessez de méconnaître la source à mesure que les eaux s'en éloignent. Taisez-vous, cessez de vous parer des ornements qui ne vous appartiennent point.

Non, non, le clergé n'est point l'ennemi de la liberté, s'il l'était, il ne serait point catholique; s'il l'était, il renierait la vérité, il renierait son Maître et Seigneur, il renierait sa mission, il se renierait lui-même, il renierait toute la chaîne hiérarchique, il renierait Dieu, il renierait le ciel et la terre. Non, en dépit de la mauvaise foi, de l'ignorance, de toutes les calomnies; en dépit de quelques exceptions de temps et de personnes, qui ne font jamais loi dans les grands faits; non, rien de plus libéral que le clergé et que les catholiques non dégénérés, mais sincères, et rien ne doit l'être davantage.

Car le catholicisme est la loi de la plus vaste liberté, c'est le libéralisme par essence et par nature. Le libéralisme marche donc en raison du catholicisme. Or, qui est en général plus catholique que le clergé? Oui, c'est en vain qu'on veut électriser les peuples; l'on ne peut pour eux rien d'utile, rien de salutaire, rien de grand, si l'on ne vient puiser aux mines inépuisables de ce culte céleste. C'est en vain que l'on veut constituer la puissance et le crédit : vous ne pouvez rien ou presque rien sans le clergé, et pourquoi? Parce que le clergé est la partie la plus libre de la société. Et ce qu'il y a de plus libre n'est-il pas ce qu'il y a de plus vital? Le clergé, en restant inactif et à l'écart, paralyse et tue les gouvernements. En effet, les gouvernements qui ont été les plus puissants n'ont-ils pas été les plus catholiques? qui fut jamais plus catholique, en quelque façon, plus ecclésiastique, plus clérical que la France? Y eut-il jamais nation plus redoutable, plus puissante, plus prépondérante? Et les gouvernements qui ont eu quelque instinct de leur conservation n'ont-ils pas, d'une manière presque opiniâtre, recherché l'appui du christianisme? Voyez dans tous les pays protestants. Tout à l'envi appelle la religion. Faute du Pape véritable, du Vicaire de Jésus-Christ, combien de papes couronnés et même *juponnés !* les rois et les reines ont voulu être à la fois chefs et pontifes des peuples. Je n'examine point l'usurpation sacrilége, seulement je veux constater que toute autorité regarde la religion comme un appui indispensable, un élément sans lequel il n'y a point de vie. L'instinct de conservation est ici plus fort que la plus implacable impiété.

Que sera-ce donc, si dans un gouvernement naissant on repousse le clergé, ou si on lui refuse le droit le plus sacré de tous, la liberté d'enseignement, la liberté de sa mission ; mission qu'il tient de Dieu, non à titre de privilége, mais de devoir, mais d'obligation rigoureuse. Et vous persisterez, vous, autorités nouvelles, à lui refuser le droit de Dieu ! Mais, ne serait-ce pas à votre naissance, faire peser sur vos têtes l'anathème d'en haut? Ne serait-ce pas avant d'être nées appeler la mort? Dieu vous abandonnant à vous-mêmes et à vos pensées, tout ne vous abandonnerait-il pas? Vos œuvres seront-elles autre chose que des œuvres stériles et comme maudites? Prétendre pouvoir agir indépendamment de Dieu, c'est le délire orgueilleux de la plus complète folie.

Non, sans Dieu, l'orgueil a beau se débattre, se tordre et se *retordre*, vous ne pouvez rien, absolument rien, sinon être impuissants pour édifier, et puissants pour amoindrir et détruire. Donc, si vous aviez été conduits par l'esprit de sagesse véritable, par une habileté bien calculée ; qu'auriez-vous dû faire dans l'intérêt de la République et de votre responsabilité? Appeler à vous la partie la plus vitale de la société, réunir à vos forces ses forces vives, et ne pas faire le contraire par des agents insensés. Et pour appeler à vous ces forces vives, il n'eût point fallu de mots qui ne dupent que les hommes imprévoyants et pusillanimes ; mais des actes, mais proclamer la liberté franchement, sincèrement et sans réserve ; ne pas laisser faire le contraire par certaines tracasseries indignes et odieuses ; et ne pas faire pis que le contraire en les approuvant, en évoquant des lois liberticides, des lois sorties du cerveau des tyrans les plus insensés et les plus féroces.

Aussi, quel est le résultat des opérations gouvernementales? tout au discrédit, à la défiance, à la désorganisation. Les fonds publics presque au taux de la banqueroute. Car, vous ne pouvez méconnaître les circonstances qui vous absorbent, qui vous engloutissent. Si vous aviez appelé à vous ces forces vives, que serait-il arrivé? Ces forces auraient soulevé toutes les populations en votre faveur. Les moindres dévouements se seraient exaltés en votre faveur. Tout aurait pris un essor incroyable, une rapidité d'expansion torrentielle. La force morale allant à vous, tout vous aurait ouvert les bras, crédit, confiance, puissance. Voilà ce qu'un irrésistible dévouement au salut de la patrie ne permet point de taire. Le clergé n'est donc point l'ennemi de la liberté, le passé ne permet point d'en douter, et le présent encore moins. . . . .

Est-il, en effet, dans la nature d'une société, d'une classe de citoyens de réclamer d'une manière permanente, énergique et invincible, la liberté, quand on en est l'ennemi? Mais le phénomène serait contre nature. Cette demande opiniâtre de dix-huit ans n'est-elle point, de la part du clergé, une preuve du plus ardent libéralisme? Mais le clergé, dites-vous, le clergé ne demande la liberté que pour lui-même. Eh bien, soit : demander la liberté pour soi-même, n'en demeure pas moins une preuve de libéralisme? Eh bien, soit : le clergé est-il, en politique, chargé de faire des demandes pour les autres? N'est-ce pas à chacun à faire son devoir, à faire valoir ses droits? . . . . . . . . . . . . .

Les intentions du clergé ainsi restreintes ne mériteraient donc pas l'ombre de blâme, au contraire, elles seraient encore dignes d'éloges. Ici, les sémilibéraux jugent pourtant le clergé par eux-mêmes, et à leur propre taille. D'ailleurs, les intentions du clergé sont-elles aussi mesquines? Non, elles sont plus vastes que le monde.

En demandant la liberté pour lui-même, il la demande pour tous, il la demande même pour ceux qui n'en veulent point, il la demande même pour ses ennemis. Il doit la demander et la vouloir pour tous. Vous dites: une fois que le clergé aura la liberté, il s'en rendra tellement maître qu'il n'y en aura plus pour personne: — folie et absurdité! Savez-vous ce que le clergé est par sa mission, et malgré toutes les puissances de la terre: — le cœur des sociétés. Car le catholicisme est le cœur du monde, et le clergé le cœur du catholicisme, et les ordres réguliers le cœur du clergé. Or, plus le sang est affluent au cœur, plus il abonde dans les veines et les artères. Donc, plus le clergé aura de liberté, plus les peuples seront libres. D'ailleurs, le sang qui passe par le cœur n'est point pour le cœur, mais pour le corps uniquement. Le cœur n'est qu'un laboratoire qui a besoin de régularité dans son mouvement.

Pareillement le clergé a besoin de toute la liberté dans son action et son mouvement. Et sa liberté, il la veut pour donner. Il n'en veut avoir et conserver que pour donner. Voilà la générosité sublime de sa mission, sa libéralité sans bornes. Qui pourrait l'égaler? Les autres pouvoirs que sont-ils? simplement des artères et des veines, et rien de plus. Or les artères et les veines peuvent-elles, sans cœur, servir de fleuves à la circulation? Être sans le clergé ou contre le clergé, c'est donc être sans cœur. Être sans cœur, c'est être privé de sang. Être privé de sang, c'est être sans vie. Être sans vie, comment agir? Sans l'agir, comment être libre? Être sans liberté, comment pouvoir la donner?

Napoléon fut sans le clergé, or quelle liberté a-t-il donnée? la paralysie universelle des intelligences. La Restauration joua un rôle abâtardi. Or, quelle liberté a-t-elle donnée? Elle ne fut puissante qu'à conserver le cadavre qu'on lui avait légué. La dynastie des barricades fut l'ennemi acharné mais occulte du clergé; quelle liberté nous a-t-elle donnée, malgré ses promesses et ses chartes-vérités? Tout le monde le sait. Jamais chute ne fut plus honteuse, jamais solitude pareille ne se fit autour d'un tyran déchu. Pas un regret, pas un ami, pas un suivant : qu'une réprobation et une malédiction générale, fait sans exemple et de la plus haute signification! Ainsi, un gouvernement qui vit sans le clergé ou contre le clergé, ne donnera jamais aucune liberté, et il sera impuissant et radicalement impuissant pour en donner aucune. Il ne sera puissant que pour périr et laisser périr. Pour le faire périr, le clergé n'a pas besoin d'être son ennemi, de s'armer contre lui. Il n'a besoin que de rester indifférent : ni pour, ni contre; et qui ne sait que le passé est le plus menaçant des prophètes?

**Admettons que le clergé soit ennemi de la liberté, raison de plus pour la lui accorder.**

Admettons que le clergé, contrairement à sa nature et sa mission, soit l'adversaire de la liberté. Que serait-ce alors qu'une classe de citoyens de cette sorte? Ce serait une catégorie d'individus plus esclaves que les nègres de nos colonies; esclaves dans toute la force des idées. Or, envers des esclaves, quel est le devoir de la mère-patrie? C'est de les émanciper malgré eux, c'est de les forcer à être libres, même contre leur volonté. Car, à la liberté de tous ses sujets la patrie gagne immensément. D'ailleurs, un gouvernement vraiment équitable et qui fait profession de la plus haute fraternité, ne peut, sans preuves authentiques, réputer comme ennemis ceux qui sont disposés à le servir avec le plus de zèle. Quelle ne serait donc pas sa méprise dangereuse, s'il regardait comme ennemis ses amis les plus dévoués!

Dans le pire état de cause, quel est le moyen efficace de désarmer la haine, l'inimitié, les injustes préventions, d'éteindre le feu funeste des divisions? La justice, l'équité, la fraternité dans la liberté. Oh! si un gouvernement comprenait ce grand principe, s'il le réduisait en pratique, quelles ne seraient point les glorieuses destinées de la France! Mais s'il est indignement méconnu, quel discrédit! quel avilissement! La France au bord du tombeau ne sera plus que la risée et la fable du monde. Depuis des siècles, on cherche la pierre philosophale de l'unité, c'est-à-dire à cimenter l'union entre les citoyens, à constituer la grande unité nationale.

Eh bien! la voilà, elle est toute trouvée. Il n'y en pas d'autre, et il ne peut y en avoir d'autre.

Pour parvenir au but le plus élevé, ne faut-il pas les plus vastes moyens? Pour soulever le monde, ne faut-il pas le plus énorme levier? Arrière donc les mesquineries des prétendus grands hommes d'Etat. Chimère ridicule, que de vouloir instituer la grande unité nationale avec du grec et du latin, de l'anglais et de l'allemand, du chinois, de l'arabe et du sanscrit, avec des langues mortes et vivantes, avec des chiffres, des formules, des lignes, des théorèmes et des problèmes; avec les propriétés physiques et chimiques des corps, avec des miroirs et des télescopes; avec les arguments biscornus de nos sots et pédants Aristotes; avec tout le bagage et l'échafaudage d'un enseignement bâtard. Erreur des Napoléon, et des faux Napoléons, erreur! La véritable unité nationale est dans ces trois mots: Liberté, Egalité, Fraternité, pratiquées par le Gouvernement avec sincérité, avec franchise, avec loyauté, sans acception d'amis, ni d'ennemis.

Se mettre en quête de faux amis et de faux partisans, c'est faire preuve de faiblesse; car ce qui est fort et solide n'a pas besoin d'amis. Si le clergé est réellement le plus grand zélateur, le plus ardent propagateur des libertés réelles, une république véritable ne peut avoir un concours plus puissant, plus opportun. Et si elle devait accorder des faveurs, ne devrait-ce pas être à de tels amis? . . . . . . . .

Mais ni privilége, ni faveur: le clergé vraiment éclairé sur sa mission n'en veut point; rien que ses droits, que les droits de son apostolat, rien que les droits de tous, rien que la liberté, rien que l'égalité, rien que la fraternité, qui depuis dix-huit cents ans est la devise de la grande république catholique, modèle et exemplaire de toute république véritable.

Donc, soit que l'on considère le clergé dans son passé et dans son présent, rien de plus libéral; donc, pas l'ombre de motif de lui refuser la liberté d'enseignement. Craindrait-on, parce que

**Le clergé est trop ami de la liberté. Objection nulle.**

Craindrait-on le clergé, parce qu'il est propagagateur trop ardent de la liberté ? Honneur, hommages au clergé pour un tel reproche ! Une république intelligente, qui voudrait fonder un gouvernement libéral et vraiment digne de l'admiration des siècles, ne devrait-elle pas être heureuse de rencontrer dans de tels citoyens, d'aussi utiles auxiliaires ? Ne devrait-elle pas s'empresser d'appeler à elle leurs idées, toute leur action et toute leur force ? Mais, dira-t-on ?

## Le clergé est essentiellement envahisseur. Objection fondée.

Ah oui ! voilà l'énorme pierre d'achoppement ; ah oui ! voilà l'objet de la formidable panique ? Ah oui ! voilà le reproche mérité, dignement mérité, honorablement mérité.

Oui, le clergé est essentiellement envahisseur, nous le proclamons à la face du ciel et de la terre, le reproche est fondé, très-fondé. Oui, nous proclamons qu'il est envahisseur, qu'il doit l'être, et que son crime est de ne l'être pas assez. Oui, le clergé est essentiellement envahisseur, car le fondateur de la plus vaste république a commandé d'envahir l'univers ; à qui ? A des hommes jouissant du plus immense crédit, possédant les plus riches trésors ? non, à des hommes sans crédit, et nus comme l'enfant qui naît à la vie. A qui ? A des hommes doués de la plus irrésistible éloquence, ornés de la science la plus féconde ? non, mais à des hommes les plus stériles, les plus grossiers et les plus ignorants. A qui ? Aux plus puissants conquérants, aux génies les plus sublimes ? non, mais à douze bateliers impuissants, sans génie, n'ayant pour secours et même pour défense, ni barques ni rames? Et avec quelles armes? avec une tunique, une besace et un bâton.

Oui, le clergé est essentiellement envahisseur : car le fondateur de la plus vaste république a commandé à ces douze bateliers timides, pusillanimes, grossiers, sans crédit, sans fortune, sans science, sans politesse, sans éloquence, sans armes, d'envahir l'univers, et plus que l'univers, et plus que l'universalité des lieux ; il leur a commandé, chose plus difficile et jusqu'alors réputée impossible, d'envahir l'universalité des intelligences ; il leur a commandé de détruire les préjugés, les coutumes, les lois, de chasser tous les dieux, tous les cultes, de briser les autels, de ruiner les temples, de faire face aux légions les plus formidables, à la fureur des plus invincibles tyrans, au fer, au feu, à la flamme, à tous les tourments, à tous les supplices, à tous les martyres. Envahissement audacieux dans sa conception, inconcevable dans ses moyens, incroyable dans son exécution!

Oui, le clergé est essentiellement envahisseur, nous le confessons, et l'univers envahi, conquis, le confesse avec nous.

### Le clergé est essentiellement envahisseur, et doit l'être.

Car écoutez ce qui fut dit : Allez, prêchez l'Évangile à toute créature. Allez, enseignez toutes les nations, sans distinction ni d'âges, ni de sexes, ni de rangs, ni de tribus ; sans distinction ni de Grecs, ni de Barbares, ni de Romains, ni de Juifs, ni de Scythes.

Oui, le clergé est essentiellement envahisseur, mais ce n'est point pour envahir ni vos propriétés, ni vos richesses, ni votre fortune, mais pour vous enrichir encore; mais ce n'est point pour envahir vos sciences, mais pour vous en donner de plus grandes encore; mais ce n'est point pour envahir votre liberté, mais pour vous la donner plus grande encore en détruisant tout esclavage; mais ce n'est point pour asservir vos intelligences, mais pour les élever, mais pour y faire briller la clarté de la lumière céleste, pour y établir la vertu des plus sublimes espérances, pour y allumer la flamme amoureuse de la suprême beauté, de l'inexprimable bonté, pour vous rendre roi non du monde, mais roi immortel des siècles éternels.

Oui, le clergé est essentiellement envahisseur, et il doit l'être; en cela votre objection est fondée. S'il ne l'était pas assez, ne se changerait-elle pas en accusation accablante. Car au jour final, au jour de cette grande et vive lumière qui éclairera les profondeurs des ténèbres, qui dévoilera tous les secrets, qui manifestera toutes les réalités, ne nous ferez-vous pas un crime de ne l'avoir pas été assez? ne vous élèverez-vous pas contre nous avec les habitants de Sodome et de Gomorrhe, de Tyr et de Sidon, de Ninive et de Babylone, avec toutes les tribus des nations? Ne nous accuserez-vous pas d'être la cause des calamités des peuples, de la perte de la multitude; cause non point directe, sans doute, non point positivement volontaire, mais indirecte, mais cause négative, en ce que nous ne nous sommes pas opposés assez énergiquement, et même aux dépens de notre vie, au torrent des vices qui débordaient de toutes parts. Ne signalerez-vous pas les causes et les actes de notre faiblesse? Ne nous direz-vous pas? traitement du clergé par l'Etat, première cause de faiblesse; nominations aux fonctions saintes par l'État, seconde cause de faiblesse ; suppression des officialités dans chaque diocèse, troisième cause de faiblesse ; concession persévérante des aumôniers au monopole et malgré l'immensité du mal, quatrième cause de faiblesse ; avoir demandé la liberté d'enseignement à l'État, cinquième cause de faiblesse ; n'avoir osé se réunir en concile malgré l'urgence des circonstances, sixième cause de faiblesse.

Ces reproches sont-ils maintenant fondés ; examinons-les avec la plus scrupuleuse attention et la circonspection la plus grande possible. Car la vérité, à raison de l'imminence des périls actuels, devient une nécessité, comme l'activité d'un zèle invincible.

Avant d'entrer dans le détail de la question, arrêtons-nous à une observation des plus frappantes que nous offrent l'expérience, l'histoire et l'Ecriture. Le Christ, nous dit saint Luc, et en lui le clergé, est établi pour la ruine et la résurrection de plusieurs, *ecce positus est hic in ruinam et in resurrectionem multorum* (2, 34). Est-ce à dire ici, que la perte des individus et des peuples vienne toujours de leur obstination dans l'erreur, et dans le vice ? Cette perte ne peut-elle pas venir également de la part du clergé ? N'est-ce pas le reproche que les prophètes et Jésus-Christ font aux prêtres de l'ancienne loi ? N'est-ce pas le reproche que les pontifes, les saints et les grands prédicateurs ont fait souvent aux prêtres de la nouvelle loi ? De même qu'un ministre des autels peut, de l'aveu de tous, perdre ses ouailles de deux manières, ou par faiblesse, ou par abus d'autorité ; par la faiblesse de sa conduite doctorale, et morale ou par ses exemples ; de même le sacerdoce en général, peut perdre les peuples par les deux mêmes causes :

par faiblesse de conduite ou par abus d'autorité et de puissance.

L'histoire, en effet, ne nous montre-t-il pas que le clergé général de chaque nation a souvent péché plus ou moins par l'un de ces défauts. De même que la perte des individus et des nations peut venir du clergé, de même la perte du clergé peut également venir des peuples.

L'histoire nous montre ce fait invariable; c'est que lorsque le clergé a été la cause de la perte des peuples par abus d'autorité, les peuples deviennent à leur tour par abus d'autorité la perte du clergé, en le réduisant à une extrême faiblesse.

Ces considérations préposées, nous abordons la question, et nous disons :

## Traitement du clergé par l'Etat, première cause de faiblesse.

Ici, nous n'entrons point dans cette question de savoir si le clergé, vu les circonstances actuelles, pourrait vivre sans les traitements donnés par l'Etat, s'il aurait pu vivre sans cette condition à la rentrée de l'émigration. Nous n'examinons pas non plus la question de droit; savoir si cette compensation était due à raison de la vente des biens du clergé, la chose se décide d'elle-même. Nous laissons également de côté la question d'opportunité ; faut-il abandonner les traitements, quand, comment et à quelle condition? Nous nous réservons pourtant de toucher à la condition. Nous posons présentement la question dans la plus haute généralité. Et nous disons, est-il utile à l'Eglise que le clergé soit salarié par des gouvernements qui, fermant l'œil à toute justice, ne se proposent point là un but de compensation, ni d'alimentation, mais un but de servilisme, de corruption et d'influence.

La question posée sous ce rapport, nous disons rien de plus funeste à l'Eglise : nous le disons l'histoire et l'Evangile à la main ; nous disons, qu'il n'y a pas un seul membre du clergé qui ne reconnaisse, qui ne voie la même chose, pour peu qu'il veuille se dégager des aveugles et grossiers intérêts du temps. Car, généralement, il n'y a presque pas un seul laïc clairvoyant, et quelquefois animé d'intentions hostiles, qui ne sente par instinct, et sans s'en rendre compte, qu'il y a là quelque chose de pernicieux, non seulement pour l'Eglise, mais aussi pour la société.

L'histoire à la main, nous disons : rien de plus funeste qu'un clergé salarié, bénéficié par les gouvernements.

Le clergé placé dans ces conditions est un clergé dont les membres peuvent briller encore par de grandes vertus. Le clergé français actuel en est un exemple vivant ; le clergé de Louis XIV, un exemple mémorable ; mais ce clergé, malgré ses hautes vertus, n'en sera pas moins impuissant pour les intérêts généraux de l'Eglise.

Contemplons et voyons le passé et l'avenir. Contemplons et voyons-le dans le siècle que nous regardons comme le plus éclatant pour l'Eglise et pour la monarchie. Voyons-le sous Louis XIV ; voyons-en la tête et comme le chef. Contemplons ce Bossuet, cette âme mâle, énergique, cette lumière brillante comme le soleil dans sa splendeur ; cet immortel génie, considéré comme le boulevard de l'erreur, comme l'ange exterminateur de l'hérésie. Ne semble-t-il pas avec tout le clergé français, courber son front dans la poussière, et faire plutôt hommage à la puissance des Césars qu'à la puissance du Christ. Entraînés, subjugués, par l'influence du monarque, voyez-les, pareils à d'actifs forgerons, travailler à ériger en articles de foi des opinions libres. En vain les palliatifs de leur part et de la part de leurs défenseurs ; le fond de leurs pensées était de regarder comme articles de foi ces opinions libres, et de forcer les autres à les regarder comme tels. Et ces articles de foi prétendus, et ces servitudes qui enchaînaient désormais la liberté de la discussion ; ils ont l'aveuglement de les appeler libertés glorieuses, inaliénables, inamissibles, libertés aujourd'hui repoussées presque comme l'œuvre d'un aveugle délire. Et ces libertés, on les voit avec une opiniâtreté presque scandaleuse défendues par le plus grand génie.

Pourquoi donc cet effort unanime pour fortifier le pouvoir temporel contre le pouvoir spirituel, la puissance des rois mortels contre la puissance du roi immortel. Quoi ! un clergé phénomène de science, de lumières, de vertus préférer presque la pâture terrestre à la pâture céleste ! Mettre une idole royale presque au-dessus de Jésus-Christ, ou de son représentant immédiat ! soutenir cette prétention avec un acharnement presque sans exemple ! méconnaître presque toute règle, tout devoir de respect, d'obéissance au chef de l'Eglise ! Pourquoi un pareil renversement ? Parce que le clergé d'alors avait perdu l'équilibre. Il avait perdu l'équilibre, parce que la poussière salissait son front virginal ! parce qu'il était enchaîné par les bénéfices des rois ! parce qu'il avait pour armure un poids plus lourd qu'une tunique et un bâton, seules armes nécessaires pour les grands combats. Un bagage de plus est pour ainsi dire un gage de défaite; parce qu'en un mot, il n'était plus libre, mais esclave.

Car, quelles conditions Jésus-Christ avait-il apposées pour la liberté entière des apôtres? une tunique, un bâton, une paire de sandales. Echo fidèle des siècles, l'expérience est-elle aujourd'hui, oui ou non, l'écho infaillible de ses paroles? Jésus-Christ ne connaissait donc pas d'autres conditions pour faire de ses envoyés des milices intrépides, des soldats courageux, des héros magnanimes, des conquérants invincibles.

Placé dans d'autres conditions, le clergé peut-il conserver la même vigueur d'action, la même puissance pour les grandes luttes? N'est-il pas en partie esclave, vaincu, affadi?

Un clergé salarié, bénéficié, par un gouvernement, dans un but de servilisme, ne subit-il pas nécessairement, à la longue, l'influence qu'on fait peser sur lui? sans s'en apercevoir, ne devient-il pas esclave? Il perd donc ses allures de liberté. Or, qui n'est plus libre dans ses mouvements, ne perd-il pas l'équilibre? Qui perd l'équilibre, chancelle et tombe infailliblement. N'est-ce pas ce qui est arrivé à l'ancien clergé?

Dieu, irrité, qu'a-t-il fait de ce clergé affadi? Ne l'a-t-il pas dispersé, avec la poussière de ses bénéfices, à la fureur de tous les vents? Pouvait-il en être autrement, si les oracles sacrés ne sont point mensongers, Qu'est-ce qu'un clergé bénéficié, salarié, dans un but pernicieux? Est-il bien encore le vrai sel de la terre, quand il reçoit le sel vicié et corrupteur des gouvernements? *Vos estis sal terræ.* S'il n'est plus le véritable sel, avec quoi salera-t-on, *in quo salietur?* S'il n'est plus propre à saler, à quoi sera-t-il bon? à être jeté dehors, et foulé aux pieds par les hommes. *Ad nihilum valet ultra, nisi ut mittatur foras et conculcetur ab hominibus* (Matth.). Or, pour ne pas remonter plus haut, qu'est devenu le clergé tant régulier que séculier du siècle de Louis XIV, pour avoir été un sel affadi? A-t-il été jeté dehors? Il l'a été par toutes les tribus de la nation. A-t-il été foulé aux pieds? Il l'a été partout et par tous: foulé dans les prisons, foulé dans les cachots, foulé dans les pontons, foulé dans les noyades, foulé dans les massacres, foulé sur les échafauds, foulé dans l'exil chez tous les peuples de l'Europe. Ainsi, Dieu renverse l'arbre et le déracine.

L'histoire lamentable du passé ne doit-elle pas nous faire trembler?

On dit: Mais le clergé actuel est pauvre, a-t-il à craindre les mêmes excès, où l'avidité du pillage? Le clergé de quatre-vingt-douze a-t-il été précisément détruit à cause de ses richesses? Pas précisément. Sans doute ce fut là une des causes de sa ruine, mais ce ne fut point la principale. La principale cause était son asservissement et son impuissance. Or, le clergé actuel ne se trouve-t-il pas dans la même position aujourd'hui? S'il s'y trouve, n'est-il pas exposé à subir le même sort? On dit bien: Le clergé est très-libre, très-indépendant; mais toutes ces forfanteries ne sont que des mots. Les paroles ne suffisent pas; il ne suffit pas de faire entendre des plaintes, des gémissements sur la servitude de l'Eglise; il faut des actes et des actes de vigueur et d'indépendance; et où sont-ils? Si on n'a que la foi sans les œuvres; que les œuvres sans la charité ardente, sans le zèle héroïque qu'exigent les circonstances; ne sera-t-on pas exposé à entendre les menaces jadis adressées aux pasteurs de la primitive Eglise : *Habeo adversum te quòd charitatem primam reliquisti. Memor esto itaque unde excideris, et age penitentiam et prima opera fac. Sin autem venio tibi et movebo candelabrum de loco suo* (Ap.). Si le clergé actuel continue à recevoir le sel vicié des gouvernements, pourra-t-il rester ce sel véritable, qui est la vie et le cœur des peuples? Car sans sel, toute chair se gâte, se corrompt, et tombe en pourriture. Et sans sel, que deviendra la terre? que deviendront les nations? Ne serontelles pas exposées à périr? Et leur dépérissement ne sera-t-il pas en raison de celui du clergé?

D'où viennent principalement ces grands désordres sociaux, ces commotions violentes? N'est-ce pas de ce que le sel a été affadi, de ce qu'on lui a fait perdre ou de ce qu'on a rejeté sa vertu salifère? Et d'où vient qu'il a perdu sa vertu salifère? de l'excès de faiblesse où l'on a réduit le clergé, de ce qu'il n'a pas eu cette unité d'énergie capable de rompre les chaînes de la servitude; de ce qu'à un certain degré, il n'est plus malgré lui qu'un instrument entre les mains des pouvoirs tyranniques et corrupteurs de toute l'Europe. Donc si le clergé n'est plus sel, il tend à sa perte et à celle des populations. Et voilà une des causes de ce malaise général et universel. Peuton douter de la décadence du clergé actuel?...

Ne voyez-vous pas qu'on commence à vous arracher le cœur, source de toute force et de toute vie? Ne voyez-vous pas presque partout les ordres religieux, qui sont comme le cœur et les avant-postes du sacerdoce, partout dans un mouvement rétrograde; partout battus et battant en retraite, partout chassés, pourchassés, expulsés? N'avez-vous pas vu le cœur des ordres réguliers, cet ordre fameux par sa discipline, plus fameux encore par ses conquérants et ses héros, plus fameux encore par ses martyrs et ses vertus ; ne l'avez-vous pas vu cet ordre valeureux, qui jamais dans les combats n'avait reculé que par la force violente ; ne l'avez-vous pas vu reculer devant la plus infernale des machinations ; machination que la majeure partie de l'ordre sentait la nécessité urgente pour son salut et celui de tous, de braver et vaincre. Mais, parce qu'il ne l'a pas fait, le clergé a senti ses bras comme cassés. Et un effroi général a surplombé sur l'Eglise, comme à la suite d'une grande défaite. Et les pontifes les plus intrépides ont senti leur cœur faillir. Et le mouvement religieux, alors en ascension, est retombé plus qu'à plat. Et parce qu'il a manqué au sol, le sol ne va-t il pas lui manquer ? Si vous vous laissez entraîner, si vous commencez le mouvement rétrograde, disait quelqu'un à un supérieur de l'ordre, c'en est fait, tout le monde ne vous abandonnera-t-il pas ? Qui vous soutiendra ? Qui désormais élèvera la voix en votre faveur ? Et le mouvement commencé quand s'arrêtera-t-il ? Et ne voilà-t-il pas aujourd'hui cette simple et facile prévision qui se vérifie ? Ne voilà-t-il pas le mouvement général qui s'accélère dans toute l'Europe ? Ne voilà-t-il pas le front de la bataille découvert de plus en plus et de toutes parts. Ne voilà-t-il pas le chef suprême, contre sa volonté et par la violence, obligé lui-même de découronner ses bataillons, d'éloigner ses plus intrépides phalanges ? Qui donc sauvera le clergé ? Par une coïncidence inouïe et comme fatale, le clergé salarié du XIX^e^ siècle n'est-il pas dans la même position que le clergé bénéficié du XVIII^e^ siècle ? Salarié, bénéficié, ces deux mots devront-ils être dans tous les temps l'expression de la ruine du clergé ?

On laisse et on a toujours laissé le clergé régulier pour le dernier coup, parce qu'il est moins défiant, plus identifié avec les populations, plus facile à vaincre, à tromper, à disperser. Mais une fois ses milices régulières mises en déroute, qui le défendra ? Qui le sauvera, si le cœur commence à lui manquer ? Et s'il n'a plus de cœur, quel sang coulera dans ses veines et ses artères ?

Remarquons-le encore une fois, le clergé régulier est au clergé séculier ce que la troupe est à la garde nationale. Si la troupe exercée, disciplinée, ne peut plus tenir, que fera la garde nationale ? L'ennemi habile et expérimenté commence donc par mettre en déroute les troupes les plus aguerries, bien convaincu que du reste il aura bonne et facile composition.

Qui sauvera les peuples, s'ils n'ont plus de cœur, de veines, ni d'artères ? S'ils n'ont plus de sang, d'où leur viendra la carnation ? et s'ils n'ont plus de carnation, que seront-ils ? des squelettes desséchés.

Pêle-mêle effroyable ! pour être renouvelés, faudra-t-il donc qu'ils soient pétris, broyés, comme les vendanges, sous l'énorme pressoir de la colère divine ? le Seigneur sera-t-il obligé de s'enivrer du vin de sa fureur ? Le géant va-t-il être contraint de boire dans le torrent pour exalter sa tête au-dessus de ses ennemis, en faisant insurger nation contre nation, royaume contre royaume. *Et surget gens contra gentem et regnum adversus regnum.*

Qui, en effet, pourrait sauver les nations et les peuples, une fois précipités dans un courant impétueux et irrésistible ? Qui en aura le courage et la force ? Seraient-ce quelques-uns de ces hommes sortis des officines de l'impiété ; de ces hommes incarnés avec l'irréligion, avec l'égoïsme, avec la haine du dévouement et de la liberté? Trouvez-moi des hommes religieux assez nombreux pour opérer le prodige du salut.

Les peuples ne peuvent être sauvés que par la vraie liberté. Et ils le sentent jusque dans le fond de leurs entrailles; et voilà pourquoi ils ne poussent plus des cris, mais des hurlements désespérants de liberté. Et la liberté ne peut être sauvée que par la liberté d'enseignement, parce que Dieu ne pardonnera aux générations actuelles qu'en faveur de la régénération des générations naissantes. Et qui la donnera cette liberté? Sera-ce les hommes antireligieux, antilibéraux? sera-ce des gouvernants sectateurs du monopole? Jamais, non jamais, parce qu'ils ne peuvent donner ce qu'ils n'ont pas. Il n'y a donc que Dieu, ou le clergé avec la partie saine de la nation qui puissent le faire.

Sera-ce Dieu? Que va-t-il faire, quand on n'a point voulu céder à la force de sa lumière, à la douceur de ses avertissements? Tous les moyens de persuasion étant épuisés, il faut donc qu'il use des moyens de force et de rigueur. Va-t-il briser, pulvériser les sociétés actuelles? Que va-t-il faire? Tout ce que chacun doit savoir, c'est qu'il faut que sa providence marche, et sa marche toujours inévitable est quelquefois terrible.

Sera-ce le clergé? Et comment sauvera-t-il les autres, s'il est exposé lui-même aux plus grands périls; s'il est exposé à être jeté dehors et foulé aux pieds par les hommes? Le peut-il encore? Oui, mais aux conditions les plus difficiles, les plus héroïques. Oui, mais à la condition du courage des confesseurs et des martyrs. Oui, mais à la condition de reconquérir la liberté, de la posséder, de la sauver, et de la donner. Oui, mais à la condition de ne plus combattre individuellement, seul à seul, et de ne plus fonder sa force sur d'inutiles et partielles réclamations. Oui, mais à la condition de réunir ses forces en un faisceau compacte. Et lorsqu'il sera arrivé à ce point, la tâche, tant elle est immense! ne sera pas désespérée, mais elle le paraîtra au premier abord. Il est donc à désirer que les pontifes se réunissent et prennent de grandes et d'énergiques résolutions.

Si l'on dit : inutile! la sentence de mort est prononcée. Dieu réprouvant va combattre seul et sans vous, mais contre vous, mais contre tous, et le combat va devenir effrayant et dépasser toutes les proportions. Qui donc vous arrêterait? La crainte du martyre ou la perte de votre salaire? Mais craindre, n'est-ce pas le moyen de provoquer le résultat que vous redoutez? Si par force l'on vous enlève votre salaire, les peuples eux-mêmes ne se conjureront-ils pas contre vous? Ne vous refuseront-ils point, par une permission divine, ce que vous eussiez obtenu par générosité? Ne vous jetteront-ils pas dehors comme un sel affadi? Ne vous fouleront-ils pas aux pieds?

Si le clergé ne peut avoir la liberté, la donner, la sauver qu'à la condition d'abandonner son traitement, ce legs d'un clergé au tombeau, cet héritage des morts, cause de la plus tragique des morts, eh bien! qu'il l'abandonne. Alors, honneur à lui! par lui le salut d'Israël! Alors, la reconnaissance des peuples. Gloire à lui! Alors, en lui et par lui seront bénies toutes les nations de la terre. Gloire à lui! il sera béni lui-même par les peuples, et, outre la vie éternelle, il recevra le centuple en ce monde. Hommes de peu de foi, qui peut en douter? Le Dieu Sauveur a-t-il jamais manqué à ses apôtres, qui n'avaient pour vêtement qu'une tunique, pour appui qu'un bâton, pour richesse que cette maxime, richesse du clergé et des fidèles : *heureux les pauvres!* Hommes de peu de foi! le Dieu Sauveur a-t-il jamais manqué à ces généreux athlètes depuis dix-huit siècles militants dans les déserts par la pénitence, par la prédication dans les sables brûlants, chez toutes les nations ennemies et barbares, et chez les plus sauvages tribus? Hommes de peu de foi! le Dieu Sauveur a-t-il jamais manqué à ce sacerdoce vierge de la vieille Erin, à ce sacerdoce qui repousse les dons des rois comme les dons de Satan méditant sa captivité; à ce sacerdoce d'un peuple martyr, d'un peuple nu comme les vers, n'ayant ni de quoi se nourrir, ni où reposer sa tête? Hommes de peu de foi! le Dieu Sauveur a-t-il jamais manqué aux ordres religieux faisant vœu de pauvreté, ne vivant que de pauvreté? n'ont-ils pas toujours eu l'abondance, et plus que l'abondance? Combien de fois, dans la pénurie générale, n'a-t-il pas rempli miraculeusement leurs greniers? Hommes de peu de foi! le Dieu Sauveur, qui a promis au passereau sa pâture, au lys sa parure dans une magnificence supérieure à celle de Salomon dans sa gloire; à vous, de veiller sur un cheveu de votre tête; à vous, de transporter les montagnes; à vous, à qui il a même défendu de vous défier de ses promesses, de vous inquiéter du lendemain, hommes de peu de foi, et ce serait à vous que le Dieu Sauveur manquerait, après l'acte du plus généreux héroïsme, après le plus mémorable exemple d'abnégation universelle? Non, cela n'est pas possible, il convertirait plutôt l'univers en aliment, il cesserait plutôt d'être Dieu et Sauveur. Lui, nous manquerait, lorsqu'il ne nous manque pas, lors même que nous lui manquons de la manière là plus ingrate, la plus odieuse et quelquefois la plus criminelle ! Ah ! où en serait l'Eglise, si elle voulait écouter ces âmes égoïstes, timides, charnelles qui aiment mieux languir toute leur vie dans un triste esclavage que de souffrir un instant pour être libres, qui ne voient de Dieu bienfaisant à leur ministère que la hideuse *Mammon*. L'Eglise ne doit pas les écouter, même dans leurs plus grands intérêts ; et Dieu ne les écoutera pas. Il leur ravira d'autant plus impitoyablement leur appui de chair qu'ils y auront mis plus de confiance. Voyez donc ce qu'a fait pour sa patrie O'Connnel, ce simple laïc, avec son simple grain de foi ; et vous, les oints du Seigneur ; vous, conduits par l'Esprit-Saint ; vous, les escadrons d'Israël ; vous, les premiers-nés du Christ ; vous, à qui il promit la force et la victoire du monde ; vous, à qui il a promis de combattre en première ligne, de soutenir les chocs les plus violents, de rompre tous les fronts de bataille pour vous ouvrir un passage, vous craignez, vous doutez ! Sous le lion de Juda, avec ce guerrier indomptable et indompté, si vous aviez un grain de foi, vous feriez pâlir tous vos ennemis, trembler de terreur tous les gouvernements de la terre ; vous feriez dévier les astres de leurs orbites et chanceler l'univers sur ses fondements ! Et vous n'osez vous avancer, et vous doutez de la victoire !—Plus de miracles possibles aujourd'hui !—Non, parce qu'il n'y a plus qu'une foi terrestre. Mais sachez qu'aux mêmes causes, toujours mêmes effets, et cela dans l'ordre surnaturel comme dans l'ordre naturel. Si nous avions la même foi que dans les premiers temps, nous ferions autant de miracles et peut-être même plus. *Quid timidi estis modicæ fidei?* (Matth., 8,26.) *Modicæ fidei, quare dubitasti?*

(Matth., 14, 31.) *Quid cogitatis intra vos, modicæ fidei?* (Matth., 16, 8.).

**Nomination aux hautes fonctions du sacerdoce par l'Etat, seconde cause de faiblesse pour l'Eglise.**

Y a-t-il quelque chose de plus dangereux pour l'Eglise, que de voir ses premiers pasteurs nommés par des autorités qui peuvent être indifférentes, ou hérétiques, ou impies, ou athées, et intéressées à l'abaissement continu de l'Eglise et à sa destruction.

A part le danger précité, le bienfait reçu ou attendu ne sera-t-il pas un lien, une chaîne? Le bienfait reçu sera une chaîne; car est-il possible à une âme noble de se dégager d'un retour de reconnaissance envers celui dont nous recevons un bienfait quelconque. Cette reconnaissance pèsera donc toujours sur nous, et ôtera à la plupart la force d'agir contre le bienfaiteur si des circonstances impérieuses l'exigent. Donc autant de pris sur la liberté.

Le bienfait attendu par tous sera une chaîne. Car si le clergé est obligé d'attendre ses emplois et ses dignités, les plus dignes ne seront-ils pas exposés à une certaine souplesse, à une certaine servilité; les moins dignes à certaines bassesses, à quelques lâchetés? Dans cette position combien trouvera-t-on d'hommes libres, indépendants, disposés à résister au pouvoir et à prendre pour le bien de l'Eglise des mesures urgentes qui lui déplairaient. D'ailleurs n'est-ce pas aujourd'hui une anomalie étrange, que le clergé soit en dehors de la loi commune; que le droit d'élection qui existe pour tous les emplois civils n'existe point pour les fonctions ecclésiastiques ; que ses autorités et ses chefs ne soient point nommés par leurs pairs. L'intérêt et la liberté du clergé ne semblent-ils pas faire une loi impérieuse au corps épiscopal de réclamer d'une voix unanime contre cette exception offensante à la loi commune, ou plutôt d'établir dans un concile national, par une décision canonique, que les autorités ecclésiastiques seront élues par leurs pairs et d'après tel mode prescrit... Un gouvernement libéral pourrait-il persister à tenir le clergé sous le séquestre, et sous un régime exceptionnel ? N'applaudirait-il pas, au contraire, à une mesure qui tendrait à le décharger d'un fardeau énorme et à simplifier son administration ? Ne gagnerait-il pas d'ailleurs immensément à laisser au clergé toute sa liberté d'action ? En compensation n'obtiendra-t-il pas de lui l'appui le plus cordial, le plus sincère et le plus utile ? Ainsi, sans la condition précitée, on trouve rarement des hommes libres et entièrement indépendants pour remplir leurs devoirs. Et c'est là une des mesures principales d'affaiblissement pour l'Eglise ?

**Suppression des officialités dans chaque diocèse, troisième cause de faiblesse pour l'Église.**

Que sont les officialités dans chaque diocèse ? le ressort invincible de l'unité entre le chef et les membres, le lien de la concorde, l'appui et la force de l'épiscopat, la défense et le rempart du clergé. Quelles furent les intentions des gouvernements en supprimant les offiicialités, si utiles et presque si nécessaires à l'Eglise ? Comment les gouvernements, qui ont toujours su mettre à couvert leur responsabilité, par leurs ministres, leur conseil, leurs parlements ou leurs chambres, ont-ils cherché à mettre à découvert les pontifes? Dans le but évident de tenir l'Eglise dans l'affaiblissement et d'en avoir bon marché. Dans quel but ont-ils donné aux évêques cette omnipotence en apparence, qui n'est qu'impuissance en réalité? Etait-ce pour les consoler de l'accaparement de leurs droits, de la servitude qu'ils faisaient peser sur eux? Etait-ce pour jeter un brandon de discorde dans le clergé, y maintenir un élément de division, un germe de ruines? Etait-ce pour rendre d'un côté l'autorité odieuse et facilement contestable, et de l'autre le joug insupportable et souvent insupporté? Etait-ce pour arriver à la division de la maison et s'en rendre maîtres et dominateurs? Car toute maison divisée contre elle-même ne tend-elle pas à s'affaiblir et à périr? Peut-on ignorer le principe de leur conduite? N'est-il pas facile à deviner? Voici ce qu'ils ont dit : Réservons-nous une puissance absolue sur les évêques et donnons-leur une puissance absolue et sans contrôle sur le clergé inférieur. Car d'un côté nous verrons souvent éclater ou l'inflexible rigueur ou l'extrême faiblesse, de l'autre la rébellion ou le mépris, et par ce moyen nous restons toujours maîtres de la place. Profitant de la zizanie, impossible que nous ne fussions pontife souverain. Car, comme tous les hommes, les évêques ont nécessairement leur caractère.

Il n'est pas possible, malgré leurs vertus, qu'ils puissent s'en dépouiller entièrement? Trois genres de caractères : caractères faibles, caractères modérés, caractères outrés. Or d'après ces données, ne nous est-il pas facile de prévoir et même de constater par avance les résultats d'une administration individuelle? Un caractère faible et par le fait omnipotent, choisira-t-il pour en être dominé un conseil d'hommes sages, éclairés, énergiques? l'amour-propre ne l'emportera-t-il pas souvent sur la vertu; et s'il a un conseil, quel conseil? Ce caractère faible, livré à lui-même, craindra la résistance ou en sera bientôt las. Il se gardera bien de la provoquer. Qu'aura-t-il souvent en partage? le mépris adulateur et déguisé des faibles, l'hostilité secrète ou ouverte des forts. Aussi se croira-t-il heureux, s'il parvient à tolérer mille maux. Le désordre s'introduira partout. Tout ira à la *débandade* et nous aurons bonne composition de l'évêque et de son clergé. Un caractère outré, violent, superbe par nature, que fera-t-il naturellement? il accumulera coups d'état sur coups d'état. Succédant aux évêques du premier caractère, il se croira mission pour tout réformer en un clin-d'œil. Arrivant dans un diocèse désordonné, pour tout régler il désordonnera tout, il frappera à temps et à contretemps. Il changera tout, personnes et choses. De là un mécontentement vif et profond. Ce mécontentement venant à poindre ou à se manifester, ce sera une cause de perpétuelles mutations. Un homme surgira; son opposition sera appuyée par tout le clergé. Alors rébellion, révolte générale des esprits! De là n'arrivera-t-il pas pour l'évêque l'abandon forcé public ou secret de son diocèse?

Un évêque de cette trempe sera-t-il porté, pour éprouver de la résistance, de se composer un conseil d'hommes sages et éclairés? S'il a un conseil, quel conseil? Il n'aura donc pour règle que l'arbitraire de sa volonté. Dans ce cas nous aurons bonne composition d'un homme ainsi abandonné à lui-même, et cerné d'ennemis de toute part, ou obligé de s'humilier devant nous pour obtenir un changement honorable, mais forcé. Et le clergé ainsi divisé sera maniable comme de la cire sous notre main.

Si l'évêque est d'un caractère modéré, affable, populaire, flexible avec fermeté, alors les choses iront assez bien ; soit. Mais isolé au milieu des hommes des deux partis extrêmes, qui ne seront point de son bord, nous en aurons aussi facilement composition ainsi que de son clergé. Mais ce qui nous rendra maîtres des premiers pasteurs, ce sera principalement parce qu'ils seront débordés, à découvert de tous points. Ne seront-ils pas débordés par les laïcs et les membres du clergé ? Débordés souvent par les laïcs qui voudront s'immiscer dans les affaires cléricales, qui interviendront souvent pour les accusations les plus injustes, ou pour la défense des causes les plus compromises, ou pour obtenir le changement d'un tel, ou une place lucrative pour tel autre. Ainsi, l'influence du nom, du crédit, de l'autorité, de l'amitié composera quelquefois toute l'autorité épiscopale. De là les places données à la faveur par l'arbitraire. De là un mécontement vif et profond dans le clergé qui fera éclater les plaintes les plus amères. De là scission quelquefois scandaleuse et publique avec le pontife, qui sera débordé aussi par les membres de son clergé. Une place lucrative sera-t-elle vacante, on verra les plus ineptes s'abattre dessus avec la prétention aux plus hautes dignités. Une foule de refus, une foule de mécontents! Mettra-t-on en avant des noms? alors un déluge de lettres viendront assiéger le palais épiscopal avec force renseignements plus ou moins vrais. On se vantera en secret de ses prouesses ; de là, scission entre les confrères par l'effet des préférences, des faux renseignements des cabales. L'évêque sera non seulement débordé, mais à découvert. Par ce contact continuel, il perdra tout son prestige. S'il est dans la réserve glaçante qu'il se croira imposée par sa position, il s'aliénera tout son clergé, qui ne verra plus en lui un père. Il perdra tout caractère de paternité et de vrai pasteur. S'il est trop amiable, il sera exposé à un autre inconvénient sans doute moins grand, mais il craindra souvent d'agir dans les cas urgents.

Aussi, dans quelque situation qu'on envisage l'évêque, ainsi isolé, ainsi abandonné à ses propres forces, il se verra discrédité par son clergé; et devant les fidèles. Il perdra souvent toute vénération, tout respect, toute estime. Et l'on verra comme par une suite nécessaire les feuilles publiques traiter les évêques les plus vénérables, comme des factieux et des malfaiteurs. Ainsi division entre l'évêque et le clergé, division des membres du clergé entre eux. De là un mépris général, mépris des prêtres pour leur évêque, mépris des fidèles pour leurs pasteurs. Ainsi, le clergé sera abaissé au dernier niveau aux yeux des peuples. Rétablissez les officialités, l'évêque reprend toute sa grandeur, sa responsabilité est toujours à couvert, plus de conflit, plus de collision. Il n'a plus aux yeux de son clergé et des fidèles que le noble caractère de la paternité. Il n'intervient plus que pour faire grâce et pardonner. Il conquiert l'estime et l'affection de tous. Y a-t-il un pontife plus vénéré, plus aimé que l'évêque de Dignes? Y a-t-il un diocèse plus paisible, mieux gouverné depuis que l'officialité a été rétablie. Le mérite et le talent ignorés ne sont plus enfouis et destinés à croupir dans l'inaction et quelquefois dans la corruption, chacun est à sa place. Tout rentre dans l'ordre et l'harmonie, et l'unité devient invincible. Les gouvernements, en raisonnant ainsi, ont-ils deviné juste? Les résultats ont-ils été conformes à leur prévision?

Honneur donc aux rares pontifes qui déjà ont rétabli ou qui veulent rétablir les officialités. On conçoit peu qu'en présence d'intérêts majeurs, les prélats de l'Eglise n'aient pas encore tous concouru au rétablissement de cette institution presque indispensable. On conçoit moins encore comment on ait pu alléguer les lois civiles, comme si les lois canoniques, les plus immenses intérêts de l'Eglise, devaient céder devant des lois impies, injustes, hostiles à la religion et portées dans le but le plus inique.

**Avoir donné ou continué à donner des aumôniers au monopole, quatrième cause d'affaiblissement pour l'Eglise.**

Sans doute qu'en donnant des aumôniers au monopole, les pontifes n'avaient en vue que le salut de la jeunesse; sans doute qu'ils espéraient toujours, d'après les fallacieuses promesses des gouvernements, les plus notables améliorations dans l'enseignement; sans doute qu'ils étaient loin de prévoir les terribles résultats de leur condescendance. Mais les faits et les conséquences ont-ils justifié leurs intentions? Voyons, examinons la question avec toute l'impartialité possible. Qu'ont été dans la réalité les aumôniers dans les établissements du monopole, malgré les intentions les plus saintes, les plus sublimes et de la part des premiers pasteurs et de la part des aumôniers eux-mêmes? Ils n'ont été, et contre la prévision du monopole même, que des ombres pour fasciner les yeux des fidèles, qu'un leurre désastreux pour attirer la mortelle confiance des familles; que des sentinelles avancées de l'ennemi et pour servir l'ennemi? Ils n'ont été en quelque sorte que les concierges de l'abime, que la pierre angulaire de la réprobation des générations naissantes. *Ecce positus est hic in ruinam :* exagération inouïe! s'écrie-t-on : assertion monstrueuse! Mais attendez. Nous ne prétendons rien avancer sans les preuves les plus rigoureuses, les plus évidentes. Sans vouloir soumettre à notre faible jugement la conduite et les raisons de haute sagesse des augustes pontifes de l'Eglise, bornons-nous à constater des faits, à en apprécier la nature et les conséquences. C'est là le droit incontestable de tout écrivain et de tout observateur.

Mais comment peut-il se faire, objecte-t-on, que les aumôniers chargés d'enseigner la jeunesse, de lui ouvrir les portes du ciel, soient précisément la pierre angulaire de sa réprobation? cela n'est-il pas aussi incroyable qu'inconcevable?— Pour résoudre ce terrible et désolant problème, une seule question et une seule réponse sincère et conforme à la vérité d'une conviction générale, d'un fait avéré et public!

Dans les écoles du monopole, l'enseignement de la religion est-il reçu par la jeunesse, oui ou non, avec dérision, avec un mépris formel? Y a-t-il un seul homme sincère qui ne me réponde : oui. Eh bien! ce oui est la solution complète du problème. Livrer les choses les plus sacrées, les plus saintes, les plus augustes à la dérision, au mépris formel de l'enfance, qu'est-ce? je vous le demande. N'est-ce pas évidemment asseoir dans son cœur un sentiment indestructible et permanent de mépris, de haine, d'inimitié contre la religion? Et pourquoi? Parce que les impressions faites dans ces âmes molles y sont gravées comme avec un implacable burin qui dessine leur avenir, selon la vérité de ce proverbe : *Tel dans la jeunesse, tel dans la vieillesse!* Asseoir dans le cœur de la jeunesse cette haine des choses saintes, cette haine permanente et ineffaçable, cette haine de toute la vie, n'est-ce pas y asseoir un endurcissement plus résistant que le granit? Y asseoir un tel endurcissement, n'est-ce pas y asseoir une réprobation inévitable ou presque inévitable? Et ici, le ciel et la terre, tout ne prononce-t-il pas avec nous? La nature des choses ne prononce-t-elle pas avec nous? L'expérience ne prononce-t-elle pas avec nous? Les gémissements profonds, éclatants, universels de tous les pontifes, ces plaintes des aumôniers, ce déluge d'écrits signalant l'immensité du mal, ces lamentations des mères de famille, qui montent chaque jour en cris perçants jusqu'au trône de Dieu, ne prononcent-ils pas avec nous? La formidable lumière du soleil de justice qui éclate dans les écritures, qui brille dans les consciences sans préjugés, ne prononce-t-elle pas avec nous? *Nolite mittere margaritas ante porcos, ne conversi disrumpant vos...* (Matth.) *Et quicumque non receperit vos, neque audierit sermones vestros, exeuntes... excutite pulverem de pedibus vestris* (Matth.). Si quelqu'un ne vous reçoit point et n'écoute point votre parole, secouez la poussière de vos pieds et éloignez-vous. Maximes salutaires, maximes de miséricorde d'un Dieu qui veut ménager un moyen de salut à ses enfants, même les plus rebelles; car ce qui n'a point été livré à un mépris formel, foulé aux pieds, peut devenir plus tard un moyen de conversion. Enfin, les conséquences les plus effrayantes, les plus alarmantes, ne prononcent-elles pas avec nous? De cette foule innombrable de jeunes gens qui poussent exclusivement pendant de longues années sous les voûtes du monopole, dites-nous combien en reste-t-il qui soient vraiment pieux, profondément religieux? Sur cent qui sortent de l'internat, y en a-t-il trois? y en a-t-il souvent deux? y en a-t-il quelquefois un seul qui aille ensuite se confesser? N'est-ce pas ici la pierre de touche infaillible qui nous fait reconnaître toute l'étendue et la profondeur du mal?

Anerie, direz-vous, que la confession! — Eh bien! ânerie. Mais si c'est là la clef de la voûte de l'édifice, si sans cette ânerie, le catholicisme n'a plus de nom, que direz-vous? Eh bien! ânerie: Mais si celui qui a créé l'univers avec moins qu'une ânerie prétend réformer le monde et y maintenir la réforme avec une ânerie, qu'avez-vous à dire? Eh bien! ânerie. Mais si sans cette ânerie, l'inexorable juge prétend ne vous ouvrir que les battants de l'éternel abîme, que direz-vous? Oui, nous direz-vous alors dans le grand jour avec l'accent du plus mortel désespoir, oui, tout prononçait, tout déclarait à haute et intelligible voix que vos aumôniers, placés dans de telles circonstances, n'étaient, ne pouvaient être et n'ont été que la pierre angulaire de notre réprobation et de celle de nos familles trompées par de fausses apparences de sécurité. Maintenant les oracles du temps sont irrévocablement scellés, et pour notre malheur, par les oracles de l'éternité.

Oui, tout prononce et déclare maintenant à haute et intelligible voix, qu'avoir donné des aumôniers au monopole, était pire que d'en avoir donné aux écoles de Julien l'apostat. Avoir donné des aumôniers au monopole, n'était-ce pas, comme nous le montre maintenant le jour des splendeurs, donner des acolytes à un Voltaire qui, après s'être fait écrivain public pour immoler les vieilles générations, se fit maître d'école pour immoler les jeunes, pour compléter son œuvre sacrilége, pour enlacer des nations entières avec la queue formidable du dragon, pour les précipiter toutes dans l'impiété et la perdition. Avoir donné des aumôniers à de telles écoles, n'était-ce pas pire que d'en avoir donné à celles de Julien l'apostat? Car dans celles-ci on enseignait l'impiété, oui, *ex cathedrâ* et d'une manière ouverte; par conséquent la foi des fidèles était avertie et sauvegardée par cet avertissement. Dans celles-là, non, point d'enseignement impie *ex cathedrâ*, mais *in cathedrâ*, mais d'une manière subreptice, voilée, hypocrite, mais avec une séduction ménagée qui eût captivé et renversé les élus mêmes; mais avec avertissement que l'enseignement était bon, religieux, catholique; mais avec avertissement que le clergé le croyait parfaitement orthodoxe et trouvait les écoles excellentes, vu la présence des aumôniers; mais avec mission de par Voltaire de mentir toujours, de nier l'évidence des faits, de rejeter les conséquences sur le compte de la perversité du cœur et des temps, de nier toujours, d'accuser toujours les accusateurs, afin de comprimer l'éveil et la défiance qui devaient naturellement surgir à la vue de l'immensité du péril. Or le danger n'était-il pas ici mille fois plus grand? nous en appelons à toutes les tribus du monde et du ciel. Oui, tout prononce et déclare maintenant à haute et intelligible voix qu'avoir donné des aumôniers aux établissements du monopole c'était pire que si on en eût donné à des maisons de prostitutions publiques. Car dans celles-ci, prostitutions matérielles! Dans celles-là, prostitution intellectuelle! prostitution morale! prostitution du salut! prostitution de la vie éternelle!

Or, vous qui aviez reçu la mission de nous enseigner avec l'obligation rigoureuse de nous sauver, de nous instruire surtout dans la jeunesse afin de poser par là le fondement de notre élection, comment nous avez-vous abandonné à des gens qui ne savaient nous instruire qu'à nous perdre éternellement? Comment ne vous étiez-vous pas aperçu que nous étions dans des écoles de perdition? que vos aumôniers y étaient impuissants ou plutôt qu'ils n'y étaient puissants que pour consommer notre perte, non point de volonté sans doute, mais par le fait. Or que nous importait une bonne volonté qui, par l'effet, s'est changée en glaive homicide. Comment ne nous avez-vous pas soustraits au glaive de l'ange exterminateur? Comment, pour nous enfanter à la vie éternelle, n'avez-vous pas subi mille fois la perte d'une vie temporelle? Comment n'avez-vous pas prévu un tel résultat, ou si vous l'avez prévu comment avez-vous pu assumer sur vous en quelque sorte la responsabilité de notre éternelle damnation?

Dieu a sans doute permis que les vertueux pontifes de l'Eglise n'entrevissent pas les conséquences désastreuses de l'octroi des aumôniers, pour châtier le monopole même. Car les aumôniers sont pour lui plutôt une malédiction qu'une bénédiction. On sait que les princes des derniers temps n'ont voulu de la religion que pour en faire un instrument politique, ceci est un fait avéré et incontestable. Ils ont dit : Nous voulons des aumôniers. Et le Seigneur leur a répondu : *Vœ vobis!* Vous aurez des aumôniers. *Et posuit eos in ruinam.* Mais parce que vous ne voulez de mes ministres que dans des intentions mercantiles, ambitieuses, impies et homicides pour les âmes, que dans le but de fasciner, de dominer avec orgueil, de propager clandestinement le règne du prince des ténèbres ; *væ vobis !* Et voilà qu'en vertu de vos intentions je les établis pour votre ruine! et voilà qu'ils vont devenir la pierre angulaire de la réprobation de la jeunesse ! et voilà que la réprobation de la jeunesse va retomber sur vous en anathèmes foudroyants ! *Væ vobis.* Ainsi où vous croyiez trouver votre prospérité, vous n'avez trouvé que votre ruine. Où vous croyiez trouver votre salut, vous n'avez trouvé que votre destruction. Où vous croyiez trouver une longue vie, vous n'avez trouvé que la mort la plus précipitée, la plus inattendue. Car abuser de ce qui est la cause la plus féconde de vie, devient la cause la plus féconde de mort. *Væ vobis ! Veniam ad te tanquam fur.* Ainsi pour le monopole la cause la plus active de sa destruction prochaine, le principe de sa malédiction, ce sont ses aumôniers mêmes. Ainsi, ô peuples de la terre, après nous avoir accusé d'être trop envahisseurs, vous nous accusez au jour final de ne l'avoir pas été assez et vous nous dites : Avoir donné des aumôniers au monopole, perdition de la jeunesse et des générations !

**Avoir demandé la liberté d'enseignement à l'Etat, cinquième cause d'affaiblissement pour l'Eglise.**

Lorsqu'on examine cette question de près, lorsque l'on compare ce qui se fait maintenant avec ce qui s'est fait dans les temps de la primitive Eglise, lorsque l'on compare la conduite du clergé actuel avec celle des apôtres, on ne saurait revenir de son étonnement, de sa surprise, en voyant le clergé demander la liberté d'enseignement aux princes et aux gouvernements. On ne peut presque s'expliquer une pareille demande et s'en rendre compte qu'en considérant la position du clergé, position de servitude et pour ainsi dire d'aveuglement. Le clergé une fois affaibli, asservi, manquant d'énergie pour prendre de grandes résolutions, pour aller hardiment, directement à son but, se jette dans des sentiers détournés qui l'en éloignent, ou prend la route directement opposée. Tant il est vrai que sans une liberté vraie, entière, il n'y a plus de lumière véritable! Le clergé pouvait-il, et devait-il demander la liberté d'enseignement à l'Etat? Si nous interrogeons la conduite des apôtres, que nous répond-elle? — Nous ne le pouvions pas, nous ne le devions pas.

Nous ne le pouvions pas. Demander la liberté d'enseignement aux princes et aux gouvernements, c'eût été demander la liberté à qui nous étions chargés de la donner. C'eût été la demander à ceux qui ne l'avaient pas. C'eût été la demander en vain. C'eût été la demander à nos ennemis et aux ennemis de la vraie liberté. C'eût été la demander à ceux dont l'orgueil et l'esprit de domination se seraient crus intéressés à ne pas la donner, quand même ils en auraient eu la possession. C'eût été la chercher enfin où elle n'était pas. Car n'est-il pas écrit : où est l'Esprit de Dieu, là est la liberté. *Ubi Spiritus Dei, ibi libertas*. Par conséquent où n'est point l'Esprit de Dieu, n'est point la liberté. Nous ne le pouvions pas, nous ne le devions pas; car la liberté de prophétiser, d'évangéliser, est une liberté d'en haut et non du monde ; une liberté reçue du ciel pour en donner les bénéfices à la terre, au prix du sang et malgré toutes les puissances du siècle. N'est-il pas inutile de demander ce que l'on ne peut posséder par la volonté de l'homme, mais par la volonté expresse de celui qui règne dans les siècles des siècles. Demander un don reçu, n'est-ce pas faire injure au donateur? Douter de sa valeur, n'est-ce pas outrager sa générosité? N'oser le faire valoir, craindre de le faire valoir, n'est-ce pas injurier sa puissance? Non, nous n'étions pas chargés, répondaient les apôtres, de demander mais de donner, mais d'user, mais de faire triompher même aux dépens de notre vie et de tous les obstacles. Folie donc à nous, si nous avions demandé à qui n'avait pas, à qui ne pouvait nous donner! Folie à nous, si nous avions demandé ce que nous possédions, ce que nous étions obligés de prendre, de faire valoir au prix de notre sang et du martyre! Folie à nous, si nous avions demandé ; car plus nous eussions demandé, plus nous aurions averti l'ennemi, plus nous nous serions rendus esclaves, plus alors l'on nous aurait ôté. Il ne nous serait pas resté un fil de liberté, si nous en avions agi ainsi ; l'impie se serait ri, se serait moqué de nos sollicitations, de nos gémissements. Notre faiblesse aurait été son triomphe. Dans son dédain orgueilleux, il se serait exalté comme le cèdre superbe du Liban.

Si nous en avions agi ainsi, le christianisme serait encore muet, la foi encore à naître et en risque de ne voir jamais le jour. Car on doit poser en principe qu'aucun gouvernement n'accordera jamais la liberté d'enseignement volontairement ; la raison en est bien simple : c'est que lui-même il ne l'a pas. L'assertion, je le sais, parait étrange ; cependant c'est une vérité incontestable. Car je défie de trouver dans l'histoire un seul fait d'un gouvernement qui ait jamais levé les obstacles qu'il a mis à une liberté divine pour la confisquer. Le voudrait-il ? il ne le peut même plus, et pourquoi ? C'est qu'en confisquant une liberté, il perd lui-même la liberté. Ses sujets, dont il devient par cette confiscation le tyran, deviennent à leur tour contre lui autant de tyrans qui le lient, qui l'entravent, qui le garrottent, tyrans dont il a toujours à se défier, contre lesquels il a toujours à se mettre en garde et par conséquent contre lesquels il croit toujours devoir s'armer et se fortifier de plus en plus, jusqu'à ce qu'enfin se brise l'arc pour avoir été trop tendu. En France, le gouvernement et pas même la République, qui s'est constituée par une révolution faite par d'autres motifs que la liberté d'enseignement, n'accordera jamais cette liberté. La République actuelle est incapable d'un si grand effort. Cette tâche est au-dessus de ses forces et de ses conditions de vitalité. Au-dessus de ses forces, car il faudrait pour cela dans la chambre une majorité, amie de la vraie et complète liberté d'enseignement. Et où la trouver ? Au-dessus de ses conditions de vitalité ; car, pour donner cette liberté, il faut avoir été engendré avec elle et par elle. Or, peut-on dire que la République soit le résultat des efforts faits pour obtenir cette liberté ? Donc la République ne peut donner cette liberté. Car peut-elle enfanter et mettre au monde ce qu'elle n'a pas conçu ? Et cependant, sans cette liberté, il lui est impossible d'être durable. Car une république qui naît sous les auspices d'une seule liberté confisquée ou maintenue sous le séquestre est-elle viable ? Peut-elle l'être, si elle n'a pas tous les éléments d'un vrai républicanisme? En a-t-elle tous les éléments quand elle manque de la liberté d'enseignement, qui est le principe même de toutes les libertés et la base première de tout gouvernement durable? Cette république a un nom, mais rien de plus. Donc, si elle veut vivre longuement, il faut, de toute nécessité, et d'une nécessité absolue, qu'elle accorde cette liberté ou qu'on la lui arrache par la force, sans quoi elle est morte. Car s'il est impossible à une monarchie de lever les barrières mises à une liberté ; s'il faut comme nécessairement qu'elle périsse en vertu de cette oppression qui est un germe de mort, un ver solitaire qui lui ronge les entrailles ; à combien plus forte raison une république dont les éléments sont si divers, si complexes, si hétérogènes. Si, de plus, on voit un engrenage précipité de tyrannies sur tyrannies, d'anarchies sur anarchies, si à cela on ajoute les éléments d'un peuple corrompu, dévergondé dans ses idées politiques, religieuses et morales, à quoi faut-il s'attendre? A la liberté d'enseignement? Moins que jamais. Comment alors l'obtenir? En la prenant, en la conquérant comme la Belgique et l'Irlande. Ces deux pays, qu'on nous objecte, ont-ils jamais obtenu la liberté religieuse de leurs gouvernements?

Par voie de concession volontaire, jamais ; par voie forcée, d'accord. D'abord l'Irlande n'a jamais demandé au gouvernement anglais de liberté religieuse. L'Eglise d'Irlande a fait triompher la liberté catholique, malgré les lois les plus atroces de proscription. Elle a pris ce qui lui appartenait. Elle en a usé malgré toutes les violences. Elle a prescrit contre la proscription. Qu'a fait, dira-t-on, O'Connell? Il a revendiqué et obtenu certains droits politiques ; mais qu'on cite une seule liberté religieuse qui auparavant ne fût en pratique, acquise ou conquise? Il a forcé le gouvernement à reconnaître certaines libertés religieuses, mais existant auparavant. Cette reconnaissance n'était donc que la consécration d'une conquête. La Belgique, à son tour, a-t-elle obtenu la liberté d'enseignement par voie de sollicitation et de concession volontaire? Nullement. Elle ne l'a obtenue qu'en l'emportant par force et par violence; qu'en en faisant la condition d'un pacte nouveau, car le trône était à ce prix. Et le gouvernement de ce pays ne s'est affermi qu'à cette condition. Car ce n'est qu'en vertu de cette liberté qu'au milieu de tous les gouvernements ébranlés, il reste paisible, inébranlable et sans commotions politiques. Lui seul a les vrais éléments de la vitalité. Donc le clergé français ne peut ni ne doit demander la liberté d'enseignement. Jamais, non, jamais il ne l'obtiendra par ce moyen. Plus il la demandera, plus on se moquera de ses sollicitations; moins on lui accordera, plus on lui ôtera, et n'est-ce pas ce qu'on a fait? Mais alors comment l'obtiendra-t-il? Nous répondons qu'il n'a pas besoin de l'obtenir puisqu'il la possède en vertu du droit général de sa mission. Qu'il fasse alors comme les apôtres, qu'il la mette en pratique. Mais comment triomphera-t-il des difficultés de l'opposition? Par l'énergie de sa volonté, la fermeté de ses résolutions, l'autorité de ses lois en se réunissant en concile. Si le clergé, après la Révolution de 1830, ne s'était pas endormi dans un vain espoir, s'il ne s'était pas bonnement fié à de fallacieuses promesses, si au contraire il s'était servi de ces promesses comme d'une arme toute puissante, s'il s'était réuni en concile; s'il avait proclamé la liberté d'enseignement;

si les évêques avaient conjointement établi une université catholique à Paris avec la faculté de conférer les grades requis pour l'accomplissement des devoirs civiques; s'ils avaient fondé des écoles libres dans chaque diocèse dont ils se seraient déclarés non les protecteurs, mais les directeurs; s'ils avaient autorisé tous les pasteurs à enseigner selon la mesure de leurs temps et de leurs forces; la liberté d'enseignement serait aujourd'hui conquise. Mais on dira: le gouvernement s'y serait opposé. Eh bien, certainement, et si vous attendez qu'ils ne s'y opposent plus tous, reléguez la liberté d'enseignement au-delà de la fin du monde. Cette objection est donc puérile et pleine de pusillanimité. On dit :

Le clergé aurait eu beau faire, il ne l'aurait pas obtenu. — Mais M. de Lamennais, M. de Montalembert, par leur initiative, n'ont-ils pas fait trembler le gouvernement? Et tous les évêques réunis n'auraient rien obtenu d'un gouvernement faible, chancelant, mal assis, qui ne recherchait que leur concours? Nous prétendons, nous, au contraire qu'ils auraient tout obtenu. Le gouvernement aurait, dit-on, retiré les traitements. Jamais il ne l'aurait osé, jamais. Eh bien, admettons qu'il l'ait fait. Eh bien, on y aurait renoncé courageusement ainsi qu'à toutes ses subventions aux établissements diocésains. Et croit-on que le clergé aurait manqué de quelque chose? de rien. Il serait maintenant, sous le rapport du temporel même, mille fois mieux qu'aujourd'hui. En renonçant à ses traitements, en retirant ses aumôniers des colléges, le clergé aurait fait trembler, reculer, il aurait renversé tous les obstacles, il aurait obtenu la liberté d'enseignement avec la conquête de toutes les autres libertés. Si enfin le gouvernement avait employé la force, ce qu'il se serait bien gardé de faire, alors on aurait subi le martyre, mais le gouvernement n'eût pas tenu vingt-quatre heures; chancelant sur ses bases, cerné d'ennemis de toutes parts, il eût été renversé sur-le-champ. Et encore dans cette hypothèse, et sans grand dommage, on aurait obtenu la liberté d'enseignement. Mais le clergé s'est laissé tromper, leurrer, il a attendu, il a voulu voir, et qu'a-t-il vu? la tyrannie marcher à son asservissement avec l'audace de la plus profonde hypocrisie, à la confiscation de tous ses droits, en ne lui laissant maille d'autorité, ni dans ses églises, ni sur les objets du culte, ni sur ses cimetières, ni dans ses habitations. Il a vu ce gouvernement se disposer enfin à instituer le conseil aulique de Saint-Denis, pour avoir un clergé serf et des momies pour prélats. Il l'a vu se préparer à forger la loi la plus infernale contre la liberté d'enseignement catholique. Aujourd'hui, le clergé va-t-il encore rester oisif, dupe, se fiant à de vaines promesses, s'endormant dans les plus chimériques espérances, s'user par de vaines réclamations.

Sans ces mesures précitées et adoptées dans un concile national comme il eût pu le faire en 1830, il n'obtiendra jamais rien. Il n'a à prétendre qu'à un accroissement d'esclavage, qu'à se voir anéantir de plus en plus sous tous les gouvernements qui surgiront. Il faut donc agir et agir activement, et agir énergiquement, et agir au risque du martyre. C'est la condition *sinè quâ non* de la liberté d'enseignement, aujourd'hui comme autrefois. D'ailleurs, un gouvernement libéral, clairvoyant, ne s'empresserait-il pas de donner les mains à une entreprise qui tendrait à le consolider. Et sous un gouvernement aussi faible que le gouvernement actuel, que ne peut-il pas? Il peut tout, s'il ne se paie plus de paroles et de promesses vaines; mais s'il veut agir, il peut sauver le gouvernement en se sauvant lui-même.

## N'avoir osé se réunir en concile, sixième cause d'affaiblissement pour l'Eglise.

Voyez l'asservissement de l'Eglise dans toute l'Europe. En France, le clergé n'ose et ne peut enseigner; tout ce qui appartient naturellement à l'Eglise est confisqué et appartient à l'Etat. En Prusse, encore pire. Nul ordre religieux de femmes n'ose enseigner. Le clergé n'ose exposer le dogme de peur de choquer les protestants; l'évêque ne peut avoir aucun petit séminaire, il ne peut recevoir au grand que des élèves élevés par des protestants et qui ont subi un examen par les agents du gouvernement. En Autriche, le conseil aulique tient le clergé dans un servage inouï, c'est presque comme en Russie; en Sardaigne, dans le royaume de Naples, presque la même chose. Et d'où vient cet asservissement général? de l'impiété sans doute; mais ne vient-il pas surtout de ce que le clergé dans aucune région de l'Europe n'a entrepris de se réunir en concile pour secouer ses chaînes. Pourquoi ne l'a-t-il pas osé? Parce que les traitements reçus de l'Etat ont tué en lui toute liberté, toute énergie. Voilà la cause de cette paralysie générale, de la décomposition sociale! Mais au tribunal du souverain juge, qu'alléguerons-nous? car c'est là qu'il faut se transporter pour oser aborder et examiner cette grande et grave question; là, que dirons-nous? — Nous étions faibles, Seigneur. Et que nous sera-t-il répondu ? — Vous étiez faibles. — Mais avez-vous voulu être forts? Vous étiez sans armure. — Mais avez-vous su vous revêtir de votre impénétrable cuirasse? Vous étiez dispersés. — Mais avez-vous cherché à serrer vos rangs, à devenir une phalange invincible? Vous étiez attaqués de toutes parts. — Mais vous êtes-vous entendus pour vous défendre, prendre l'initiative du grand combat du Seigneur, pour protéger, sauvegarder les grands intérêts de l'Eglise, ses intérêts capitaux, ses intérêts blessés à mort? Et faute de cette entente vous avez manqué de force pour vous dévouer, vous poser comme un rempart inexpugnable, comme un mur d'airain pour suivre l'exemple de mes apôtres? Car plutôt que de céder à leurs ennemis, plutôt que de reculer devant les immenses intérêts de l'Eglise, ne se seraient-ils pas plutôt enfoncés sous terre? Et n'est-ce pas ce qu'ils ont fait? Et n'est-ce pas ce qu'ont fait les premiers fidèles dans les funèbres catacombes? N'est-ce pas ce qu'ont fait les Paul dans les fers, les martyrs sur les chevalets, les gibets patibulaires, les brasiers ardents, eux qui tenaient concile avec les peuples devant leurs bourreaux?

Mais n'est-ce pas ce qu'ont fait toutes les conditions, toutes les classes de la société? Dans tous les gouvernements, chambres, parlements, conseils d'Etat, tribunaux innombrables, conseil général, d'arrondissement, d'instruction publique, des municipalités, académies, congrès, comités, réunions, associations, conciliabules, clubs. Pas une nation, pas une tribu sauvage, pas une horde barbare qui ne s'arroge avec raison le droit de délibérer dans ses propres affaires, et la société, qui est au-dessus de toutes les autres, n'a osé faire ce que tout le monde fait, a toujours fait et fera toujours.

Mais les lois, mais les tyrans? — Mais mes lois ne sont-elles pas au-dessus de toutes les lois? mais mes intérêts au-dessus de tous les intérêts? Les tyrans. — Mais ne suis-je pas à moi seul plus fort que tous les tyrans, plus fort que le ciel, la terre et l'enfer. Où donc est votre foi? où donc vos souvenirs? Mais voyez mes apôtres, eux, par leur nombre et par rapport à vous, un grain de sable en comparaison du sable des rivages, n'avaient-ils pas contre eux aussi les lois des tyrans; contre eux des édits sanglants de proscription; contre eux des légions formidables; contre eux l'universalité des populations armées de toute la force des préjugés, de la violence de toutes les passions; contre eux l'univers faisant l'office de persécuteurs et de bourreaux; contre eux le sang, les supplices et la mort! Et contre vous quels tyrans? Des tyrans dont votre crainte faisait toute l'audace; des tyrans dont votre faiblesse faisait toute la force! Organisés comme d'immenses cohortes, appuyés de la foi des peuples, qu'aviez-vous à faire? et que ne pouviez-vous pas faire si vous aviez eu en moi un grain de confiance, en moi dont la main balance le monde comme un atôme! en moi qui d'un mot fait tomber en poussière, trônes, rois, empires et royaumes.

Vous montrer, avancer non avec des armes, mais avec de l'énergie, avec une fermeté inébranlable, avec l'autorité de vos lois, de vos canons, vous eussiez fait pâlir et reculer tous les tyrans. Mais avez-vous su calculer et votre puissance et ma puissance invincible et irrésistible.

Les grâces nous ont manqué. — Mais pourquoi et pour qui la proclamation du droit de réunion, et de tout genre d'associations? Pourquoi? N'est-ce pas pour abolir, pour frapper publiquement les lois des tyrans, ces espèces de voleurs qui ravageaient votre champ.

Pourquoi? pour secouer toute torpeur; pour ne plus laisser le moindre prétexte à l'inertie; pour rendre inexcusables.

Pour qui? pour vous spécialement, pour vous seuls. Et j'ai vu toutes les classes de la société, et j'ai vu toutes les conditions de travailleurs, et j'ai vu jusqu'à la lie du peuple, et j'ai vu jusqu'aux forçats, jusqu'aux conspirateurs, se réunir librement; et j'ai vu les masses entrer à flots précipités dans les routes que j'avais spécialement ouvertes pour vous. Et devant cet exemple général, universel, entraînant, irrésistible, quand l'exemple et la voix de l'impie même vous invitait à remplir le plus saint des devoirs, qu'avez-vous fait? *Inexcusabilis es, ô homo.* Et pourquoi ces réunions innombrables? pour discuter leurs intérêts, et quels intérêts? des intérêts terrestres, des intérêts précaires, des intérêts d'un jour, les intérêts de leur cupidité, de leurs passions, et même les intérêts coupables du crime! Et vous, pour les intérêts les plus saints, les plus sublimes, les intérêts éternels de la religion et du salut des peuples, qu'avez-vous fait? Tout reste inébranlable comme une immobile statue. *Inexcusabilis es, ô homo.*

L'inopportunité! — Inopportunité! fameux prétexte pour voiler sa peur et sa pusillanimité! Fameux prétexte pour retarder, reculer et garder un immuable repos! Fameux prétexte qui porte dans ses flancs la ruine, ruine pour l'Eglise et le salut d'Israël comme pour les gouvernements temporels!

Inopportunité! et les intérêts de chacun, et ces intérêts chétifs à chaque jour, à chaque heure, toujours opportuns! Inopportunité! et les intérêts les plus pressants, immenses, les intérêts éternels, les seuls nécessaires, les seuls opportuns, toujours inopportuns et importuns! Le salut de mes peuples et de mes élus inopportuns, ce qui est toujours sévèrement obligatoire inopportun! Inopportunité! quand une espèce de désorganisation, d'anarchie, règne même dans le clergé! Inopportunité! quand l'élection des chefs de mon Eglise est entre les mains de l'impie. Inopportunité! quand toutes les générations adolescentes sont livrées au glaive homicide de l'erreur, de l'impiété et de la damnation. Inopportunité! quand tout est à l'erreur, au schisme, à l'hérésie, à l'impiété, à l'apostasie, quand les lois de Satan sont érigées en lois de l'Etat, en institutions politiques, quand tous les genres de servitudes pour mon Eglise sont une chose légale, quand il n'y a plus de légal que l'erreur et la plus épouvantable impiété. *Inexcusabilis es, ô homo.*

Inopportunité! A ma voix pressante et tonnante de menaces, paralysie! On ne veut point se lever. A la voix des princes, jadis miracles! plus de paralysie. On a autrefois su se réunir, même pour conspirer presque contre mon Eglise. On a su se réunir pour affaiblir en quelque sorte mon autorité. On a su se réunir pour attribuer à mes oints du temps un pouvoir presque plus grand qu'à mon vicaire pontife souverain, presque plus grand qu'à moi-même. On a su se réunir pour formuler et proclamer l'infaillibilité des quatre articles prétendus irréformables contre mon infaillibilité réformable. A la parole des princes, toute langue est éloquente. A la mienne tout semble sourd et muet. A leur parole tout est vie, à la mienne tout est mort. *Inexcusabilis es, ô homo.*

Mais les dangers sont immenses. — Immenses, et n'est-ce pas parce qu'ils sont immenses qu'il est plus urgent que jamais de se fortifier, de les conjurer, d'arrêter ma colère, et de prendre d'immenses mesures? N'est-ce pas parce que la blessure est immense, qu'il faut faire des entailles larges et profondes? N'est-ce pas parce que la maladie est extrême, qu'il faut y opposer des remèdes extrêmes? N'est-ce pas parce que les dangers sont grands qu'il importe de les braver, pour qu'ils ne viennent pas fondre sur vous comme un flot, pour vous soulever de votre lit de repos, vous emporter et vous submerger? D'ailleurs y a-t-il quelque chose d'impossible à celui qui seconde ma providence? N'est-ce pas parce qu'on est indifférent à la lumière, rebelle à ma volonté, qu'elle n'a plus d'autre ressource, malgré ma bonté indulgente que de broyer, moudre et pulvériser?

Dans ce moment les périls deviennent toujours plus grands. Et au milieu des dangers qui nous environnent, on ne voit pas un homme capable de nous sauver; et quand il y en aurait un, on ne voit pas par quel moyen il pourrait le faire. Jamais donc temps ne fut plus opportun pour se réunir en concile national. Si les évêques de la France le faisaient, ses populations alarmées, troublées d'une inquiétude extraordinaire, glacées d'effroi à la vue de l'avenir, tourneraient leurs regards vers eux comme vers l'arche du salut, comme vers des libérateurs. Ainsi les peuples, loin de repousser un concile national, semblent l'appeler de tous leurs vœux; ils l'accueilleraient avec des transports de joie et de confiance.

Mais on objecte : que feraient et que pourraient faire les évêques dans un concile ? Ils reposeraient le fondement de l'édifice social renversé. Ils seraient le salut de la France et peut-être de l'Europe entière. Mais comment ?

1° En proclamant la liberté d'enseignement avec les conditions que nous avons déjà énoncées, liberté sans laquelle il est à jamais impossible que l'édifice social puisse se reconstruire, liberté sans laquelle tout ira s'engloutir dans un précipice affreux.

2° Ils décideraient d'après la loi ecclésiastique, et demanderaient au gouvernement en vertu de la loi commune que les autorités ecclésiastiques fussent élues par leurs pairs, fardeau immense dont un gouvernement sensé ne demanderait pas mieux de décharger ses épaules.

3° Ils décideraient et imposeraient l'obligation de rétablir les officialités dans chaque diocèse, pour les motifs précités.

4° Pour prouver son désintéressement, et pour rentrer dans son état normal, le clergé proposerait au gouvernement de renoncer peu à peu à son traitement et aux conditions suivantes : 1° que les legs, les donations faits aux desservants, aux curés, aux chanoines, aux évêques, seraient valides par le fait même, mais inaliénables par qui que ce soit, mais *inadministrables* et par l'autorité civile ou municipale, et sans contrôle de leur part ; 2° que le revenu pourrait monter à un taux de... et ne pourrait le dépasser ; 3° que le surplus serait reversible de droit aux fabriques, ensuite aux séminaires et aux prêtres infirmes, après les fabriques suffisamment dotées par les dons faits dans leurs propres localités ; ensuite aux édifices publics du culte, puis aux hospices et aux établissements de bienfaisance publique, après les séminaires suffisamment dotés; 4° que les traitements diminueront progressivement en raison des revenus, et jusqu'à parfaite extinction. Ici avantages pour le gouvernement, pour le clergé, pour la société; avantage pour le gouvernement qui se libère peu à peu d'une dette considérable, sans léser même les familles des donateurs; car les ecclésiastiques propriétaires ne manqueraient pas de léguer à leur paroisse leurs propriétés en partie ou en totalité. Je ne parle pas des avantages moraux, de cette cessation de conflit, de cette entente, de cette harmonie, de cet appui mutuel des deux puissances.

Avantage pour le clergé, qui reprendrait la liberté et la prépondérance morale qui lui est nécessaire pour l'accomplissement de son importante mission. Car cesseraient alors ces antipathies qu'ont naturellement les populations pour des pasteurs considérés comme des fonctionnaires du pouvoir temporel, comme des espèces de mercenaires. Avantage pour la société; car les familles donatrices envisageraient les prêtres comme des membres qui leur appartiennent par relation d'existence. Eux-mêmes ils s'identifieraient avec leurs ouailles et gagneraient continuellement en considération. La religion acquerrait un empire absolu sur les peuples, dont la société recueillerait des fruits incalculables. Un concile qui prendrait dans le moment actuel de telles résolutions, et qui les ferait sanctionner par le gouvernement dans ce qu'elles ont de relatif avec les choses temporelles, serait aujourd'hui le sauveur de la France et de l'Europe minée dans ses fondements.

O peuples de la terre, vous qui nous accusez aujourd'hui d'être trop envahisseurs, voilà qu'entendant la voix du souverain juge, vous nous accusez de ne l'avoir pas été assez; voilà que vous voulez nous faire un crime de notre faiblesse et de notre perte. Et voilà que vous voulez vous élever contre nous au jour final avec toutes les tribus de la terre et du ciel, comme jadis les prophètes contre l'antique sacerdoce ; comme l'Eglise contre la Synagogue, comme l'Eglise d'Occident contre l'Eglise d'Orient, et contre l'Eglise réformée, comme l'Eglise de France actuelle contre celle qui l'a précédée.

### Corps essentiellement envahissant par sa mission, par conséquent :

Le clergé est un corps essentiellement résistant. Il doit être résistant, combattant contre la corruption de la conscience, contre la corruption de la pensée, contre la corruption du cœur, contre la corruption de la parole ; résistant, combattant contre le vice et le crime, contre la tyrannie, contre l'anarchie, fille de la tyrannie. Combattant non par la force, mais par la persuasion de la foi; non par les armes, mais par le martyre. Il faut donc qu'à ce prix il soit résistant contre l'oppression et l'abus de la liberté. Car la liberté est entre ces deux points. Elle ne peut exister qu'à ces conditions : la vouloir dans d'autres termes, c'est n'en vouloir pas ; c'est vouloir bâtir un édifice sans fondement et sans murailles. Or, pour l'établir dans ces conditions, il faut l'accord des pouvoirs sociaux, il faut l'alliance de l'autorité spirituelle et de l'autorité temporelle maintenues chacune dans leurs limites respectives, et séparées dans tous les points où elles sont séparables. Je dis dans leurs limites respectives, car si elles empiètent l'une sur l'autre, elles perdent chacune de leurs forces, et la liberté s'affaiblit dans la même proportion. . . .

Aujourd'hui, faute de ces conditions, en France comme en Europe, plus de liberté véritable, mais abus, mais libertinage, mais vide affreux, asphyxiant tous les peuples. De là, gêne, malaise, paroxisme, perturbation effrayante; cris redoublés de liberté. De là, débordements de proclamations, de promesses de liberté. Quand l'estomac est affamé il crie, mais se nourrit-il avec du vent? . . . . . . .

Donc, en France comme en Europe, proclamations et prometteurs de liberté; tous sont destinés à être dévorés par la fureur populaire s'ils ne donnent point la liberté véritable et réelle, alimentaire et substantielle. Leur tâche est donc immense comme leurs périls. Ne connaissant point les conditions de la vraie liberté, ou les connaissant, mais ne pouvant les mettre en pratique, que vont-ils devenir? . . .

Dans ce danger extrême, le devoir du clergé est donc d'être résistant, combattant, soit contre l'oppression, soit contre l'abus de la liberté. Car, le torrent déborde et s'avance à gros bouillons. N'entendez-vous pas la *tumultuosité* mugissante de ses flots? Va-t-il tout engloutir? Liberté, liberté, liberté d'enseignement, c'est le cri de rappel, c'est le cri de salut qu'il faut faire retentir dans les bourgades et les cités; sur les places publiques et sur les toits. Car les générations impies, abruties, ont l'instinct de leur péril. Elles pressentent qu'elles ne peuvent être sauvées, pardonnées, sans cette ressource pour les jeunes générations. Réforme, la seule pressante, la seule urgente, la seule salutaire; réforme, sans laquelle toutes les autres sont, non seulement impossibles, mais mortelles. Perturbation, désorganisation morale ; alors perturbation, désorganisation matérielle ; alors perturbation, désorganisation du crédit ; alors perturbation, désorganisation du travail. Car, le monde matériel est tellement lié au monde moral, que le désordre complet dans l'ordre moral, entraîne inévitablement le désordre complet de l'ordre physique et matériel.

Sans la cessation du désordre moral, confiance impossible, crédit impossible, banqueroute inévitable : remèdes, expédients appliqués exclusivement à l'ordre matériel; autant de causes de désorganisation, autant de spécifiques provocateurs de la gangrène, que les politiques s'évertuent, qu'ils s'épuisent en efforts, en expédients, leurs remèdes matériels sans les remèdes moraux que sont-ils autant de causes et les causes les plus accélératrices de mort et de ruines.

Dans l'histoire d'aucun peuple, avez-vous jamais entendu parler d'organiser la confiance, le crédit, le travail, comme s'ils pouvaient être organisés par l'homme; comme s'ils ne s'organisaient pas d'eux-mêmes et par mille causes et mille circonstances insaisissables à l'homme. Quand une société entend de tels mots, c'est que tout est désespéré pour l'homme, c'est que tous les remèdes paraissent hors de sa portée, de sa vue, de sa puissance. Dans cet état il déraisonne, il perd la tête, il délire comme un homme, non pas seulement frappé de folie, mais de la fièvre cérébrale. Nos assertions sont-elles des assertions en l'air ? mais les affreux résultats en font presque déjà des axiômes que l'avenir rendra peut-être incontestables.

Au mal moral, remède moral ! le remède moral, c'est la liberté d'enseignement. Mais comment être compris par des esprits aveugles, ou timides, ou endurcis par l'impiété, ou gangrenés par la corruption, émoussés, meurtris, suicidés par la dissolution morale? Ne voulant point concourir à leur guérison, impuissants à se guérir, Dieu laissera-t-il périr ce qu'il a fondé? Dominateur souverain de l'humanité, qu'il s'est donné la mission de gouverner, de guérir : il culbute, il renverse les sociétés jusque dans leur fondement pour en découvrir les plaies mortelles. Il saisit sa lancette formidable, il taille, il retranche les parties malades, il applique le fer et le feu. C'est ce qu'il a toujours fait, c'est ce qu'il fait aujourd'hui, c'est ce qu'il fera toujours. Mêmes causes, mêmes effets! mêmes maladies, mêmes remèdes! Aux plaies incurables à l'art humain, aux médecins de la terre, l'art divin, le médecin divin, qui a l'expérience de tous les siècles et de l'éternité. La montagne du mal s'élève jusqu'aux nues, il va la briser avec son énorme marteau. Après cette première opération une seconde; le marteau, après avoir brisé, sera brisé. Ainsi tout sera-t-il broyé, pétri, pour être renouvelé. C'est ce que l'avenir va décider. « Mais c'est une des lois les plus générales et les plus évidentes de cette force à la fois cachée et frappante qui opère et se fait sentir de tout côté, que le remède du mal arrivé à un certain point, c'est de forcer le mal à s'égorger lui-même. Et cela doit être, car le mal, qui n'est qu'une négation, n'a pour mesure de dimensions et de durée que celle de l'être auquel il s'attache et qu'il dévore. Il existe comme un chancre qui ne peut achever qu'en s'achevant, mais alors une nouvelle réalité se précipite nécessairement à la place de celle qui vient de disparaître, car la nature a horreur du vide. » (*Comte de Maistre, prim. génér.*)

Le clergé est essentiellement envahissant, résistant, donc :

**Débordement d'influence.**

Voilà le crime suprême, voilà l'horreur, la panique des bureaucrates et des universitaires. Eh bien ! je vous applaudis, fameux déclamateurs, si une bonne fois vous avez un peu de courage et d'énergie. Puisque vous redoutez si fort l'influence du clergé, vous craignez donc qu'elle ne fasse tort à la vôtre, qu'elle ne la restreigne, qu'elle ne l'anéantisse. Votre crainte est donc une preuve de votre amour insatiable, de votre passion effrénée d'influence. Eh bien ! puisque vous connaissez le moyen, usez-en donc. Le moyen, vous le savez, c'est d'être prêtre. De grâce, et par vos plus chers intérêts, faites-vous prêtres, ou plutôt encore jésuites. Car, citoyen pour citoyen, un prêtre ne vaut-il pas un bureaucrate? citoyen pour citoyen, un jésuite ne vaut-il pas un universitaire, moins une lignée souvent onéreuse et funeste à la société, plus l'esprit de sacrifice, d'abnégation et souvent d'héroïsme immortel comme invincible. Ayez un peu de cœur et vous n'aurez plus à user votre bile contre les prêtres et les jésuites. Un petit changement, changement d'habit, et puis tout est fini, pourvu que le moine soit d'accord avec l'habit. Débordement d'influence, oui. Puisse ici la vérité tomber comme la foudre, et faire jaillir ses éclairs étincelants, et vous sillonner jusque dans la moëlle des os ; et pénétrer jusque dans la profondeur des ténèbres de votre intelligence, pour vous ouvrir enfin les yeux, pour vous faire comprendre enfin que c'est parce que cette influence n'a pas été assez grande ; que c'est parce que vous avez à sa marche opposé boulevards sur boulevards, que vous êtes sur le point d'être engloutis dans un gouffre de maux, de désastres et de ruines ! Puissiez-vous comprendre enfin, avant la consommation peut-être du plus grand des malheurs !

Oh ! si votre cœur pouvait s'élargir comme le monde, et votre âme s'élever au-dessus de cette sphère étroite qui l'emprisonne, cette influence, loin de vous épouvanter, porterait dans votre esprit l'harmonie et la sécurité. Vous vous sentiriez renaître. Vous vous sentiriez plus qu'électrisés, en voyant se dérouler devant vous l'avenue d'une gloire immortelle. C'est alors qu'entrant dans la profondeur de ces trois idées catholiques, Liberté, Egalité, Fraternité, vous sentiriez des palpitations nouvelles, admirables et inconnues.

Cette influence, loin de la repousser, vous l'appelleriez de tous vos vœux.

Quand vous dites que vous redoutez cette influence, savez-vous ce que vous dites ? C'est comme si vous disiez que vous redoutez la vérité et la lumière, la liberté et la gloire, le bonheur pour vous-mêmes et pour vos semblables. C'est comme si vous disiez que vous redoutez l'influence de Dieu, que vous ne pouvez éviter, qui vous manipule, qui moule tout votre être, qui vous domine par sa force irrésistible. — Stupidité donc, que votre raisonnement ! folie ! Si quelqu'un parlait contre vous, comme vous le faites contre vous-mêmes, vous n'auriez pour lui qu'une horreur invincible. Croyez-vous bien que cette influence qui vous allume, qui vous irrite, soit du clergé, au clergé, et pour le clergé ? Si vous le croyez, vous croyez une absurdité; vous croyez à l'impossible; vous avez une foi plus robuste que celle qui transporte les montagnes.

### Cette influence n'est point du clergé.

S'il faut mesurer cette influence d'après l'étendue de votre crainte, ne faut-il pas reconnaître qu'elle n'est point de lui, et qu'elle ne peut venir de lui? Votre terreur ne dit-elle pas assez que sa cause n'est point humaine, mais surhumaine? Ne dit-elle pas assez qu'elle ne peut venir que du principe primordial; que de celui qui élève ou qui abaisse; qui vivifie ou qui détruit; qui ouvre la main et lance les tempêtes ou les flots abondants de ses inépuisables trésors; qui ferme la main et consolide les générations, ou les jette brisées, détruites dans cette région qui n'a ni traces, ni routes; qui souffle sur les empires et les efface en faisant rouler sur eux révolutions sur révolutions, ruines sur ruines. De bonne foi, croyez-vous, par exemple, que c'est vous, que c'est la France qui vient de faire cette révolution subite, imprévue, dont nous sommes témoins. Elle a été faite sans vous, malgré vous. Ainsi, les ouvriers que vous glorifiez n'ont été qu'un outil. Et savez-vous pourquoi elle s'est faite si vite? C'est parce que l'ouvrier est le meilleur, le plus plus docile et le plus aveugle des instruments.

Elle a été faite par d'autres motifs que ceux que vous alléguez. Les petites causes ou plutôt les instruments, vous ont apparu; mais la grande cause est restée voilée dans son sanctuaire inaccessible et impénétrable. Le souverain arbitre a soufflé sur un trône obtenu par le crime et la perfidie de l'ingratitude; conservé par l'ingratitude et le crime de la perfidie, par le parjure de toutes les promesses faites à une grande nation; conservé par la corruption, par le sacrifice de tous les intérêts communs à l'individualisme le plus honteux, le plus flétri; conservé par une hostilité profondément haineuse et clandestine contre le catholicisme.

Crime contre Dieu, crime contre la société, voilà la raison de sa chute foudroyante et instantanée comme l'éclair. Car, dans le plan de la Providence, des anomalies aussi scandaleuses n'ont jamais passé et ne passeront jamais impunies. Autrement, Dieu ferait douter de son empire sur ce monde. Vous l'avez vu élever par la puissance des huées, vous l'avez vu tomber sous les coups de la même puissance. C'est la fin qui répond au principe; équation toute algébrique! En présence d'événements si tragiques, en présence de cette parole inarticulée qui, sans parler, soulève le genre humain comme un flot bouillonnant de fureur, en présence de cette majesté devant laquelle les armées célestes et terrestres ne sont que des vases fragiles, des atomes mobiles et sans consistance; vous voudriez que Dieu n'eût pas d'influence, lui dominateur souverain et éternel. Insensés! Et vous voudriez que celui qui dit : et du néant fait jaillir des milliers de mondes, n'eût plus droit de régir l'univers; le maître absolu, celui de gérer sa propriété; que le créateur n'eût plus le droit de créer. Car, ne savez-vous pas que pour lui, gouverner, conserver, développer, c'est créer. Ne savez-vous pas que rien n'existe et ne peut exister, que rien ne vit et ne peut vivre, que rien ne se conserve et ne peut se conserver, sans une création incessante? Insensés! savez-vous bien ce qui arriverait, si Dieu, obéissant à vos désirs, suspendait pendant une seule seconde son action et son influence? l'univers entier avec vos chétives personnalités retomberait dans le gouffre, non du chaos, mais du néant? Vous auriez pour être, le *néant*, pour propriété, le *néant*, pour pouvoir, le *néant*, pour mouvement vital, le *néant*. Vous seriez donc tout *néant*, et en vous il n'y aurait que le *néant*. Insensés! savez-vous pourquoi la confiance, le crédit, le travail, l'industrie, le commerce, la prospérité, l'ordre, le gouvernement sont à néant? Mais c'est précisément parce que Dieu suspend cette influence que vous repoussez. Il veut vous montrer enfin ce que vous êtes et ce que vous pouvez par vous-mêmes. Insensés! ne voyez-vous pas qu'en vous élevant contre cette influence, vous vous élevez non seulement contre la source de tout être, de toute vitalité, mais contre vous-mêmes, contre ce que vous êtes et vous pouvez être, contre ce que vous possédez et pouvez posséder? Insensés! ne voyez-vous pas que cette influence est, et doit être malgré vous et pour vos plus chers intérêts, et pour ceux de tous, incessante, envahissante, irrésistible et débordante, sans quoi vous périssez. Votre crainte alarmante est donc sans que vous le sachiez une mesure vraie. Tout proclame qu'une influence aussi immense ne peut venir du clergé et elle n'en vient point; qu'elle ne peut lui appartenir et qu'elle ne lui appartient point.

### Cette influence n'est point au clergé.

Savez-vous ce que c'est et ce que doit être le

clergé? Un outil dans la main du suprême ouvrier, un instrument dont toute l'impuissance est l'activité propre, dont l'activité personnelle, exclusive est même plus qu'impuissance, plus que paralysie, car elle est cause destructive. C'est un instrument dont toute la vertu est dans la docilité, dont l'apogée de la puissance est dans sa parfaite correspondance au mouvement du bras du grand artiste.

Voilà le clergé, ni plus ni moins, qu'un instrument destiné à servir immédiatement le créateur, à étendre son action, son empire et son influence sans limites; à concourir avec lui et malgré toutes les entraves, tous les périls et les chocs, au bonheur du genre humain, à sa moralité, à sa liberté, à sa gloire temporelle et immortelle. Cette influence n'est donc pas au clergé. Elle n'est pas plus pour lui, qu'à lui, que de lui.

## Cette influence n'est point pour le clergé.

Que lègue Jésus-Christ à ses apôtres, à ses ministres, pour établir une influence universelle? Quelle fortune? une tunique pour se couvrir. Quelles armes? un bâton pour soutenir leurs pas chancelants. Quels plaisirs? la faim, la soif, la nudité, la patience, les travaux, l'abstinence et la continence, les veilles et les jeûnes, les périls de tous genres; périls sur terre, périls sur mer, périls sur les fleuves, périls dans les voyages, périls dans les déserts, périls dans les cités, périls de la part des impies, des infidèles et des faux frères, périls de la part de toutes les puissances visibles et invisibles. Quelles dignités? humiliations, médisances, opprobres et infamies. Quelles récompenses? croix, angoisses, tribulations pour le salut des âmes, coups, prisons, persécutions, glaive des bourreaux, tous les genres de supplices et de tourments.

O hommes! qui redoutez avec tant d'effroi l'influence du clergé, en voulez-vous tâter à ce prix? Ce gâteau, pétri d'absinthe et d'ingrédients si amers, va-t-il à vos goûts délicats?

Etes-vous de cœur à être des républicains de cette trempe? Ah! si vous étiez des républicains d'une abnégation aussi sublime, tout le monde vous porterait dans les nues, et vos noms voleraient jusqu'aux derniers confins du monde, et s'étendraient jusqu'au-delà des générations. La France, sous votre empire, faisant la loi à l'univers, verrait s'ouvrir devant elle, avec la prospérité et la gloire, des destinées immortelles.

Voilà à quel prix le maximum de l'influence du clergé. Et dire que cette influence n'est point pour sa gloire, mais pour vous; quelle abnégation! Et c'est au prix de ces sacrifices immenses, inouïs et effrayants, que le clergé, non point librement, entendez-le bien, mais forcément, mais par devoir, est tenu de procurer au genre humain et à vous-mêmes, malgré vos mépris et vos résistances, la vérité, la lumière, la vertu, la vraie liberté et le bonheur parfait. Quel poids incalculable d'obligations!

Savez-vous ce que vous faites, quand vous attribuez au clergé cette influence incompréhensible? Vous lui attribuez tout ce qui n'est point à lui et pour lui; et vous ne vous réservez rien : et voilà votre sottise. Hommes profondément égoïstes, démésurément ambitieux, voilà comme vous savez faire vos affaires, en voulant siéger sur le trône d'un sot orgueil.

Ainsi, redouter l'influence du clergé, c'est redouter l'influence si bienfaisante de Dieu dont le sacerdoce n'est et ne doit être que l'instrument; c'est redouter par conséquent la vérité, la lumière, la vertu, la gloire, le bien-être et la félicité pour soi-même et pour ses semblables. C'est folie, c'est stupidité. C'est une hostilité directe et mortelle contre soi-même et la société. C'est une hostilité toute gratuite; car c'est en vain qu'on prétend se soustraire à cette puissance invisible qui nous domine malgré nous et irrévocablement malgré nous.

A raison de son principe et de son but,

**Cette influence est envahissante et irrésistible.**

Elle est telle, si elle vient de Dieu. Et elle vient de Dieu, elle, si extraordinaire, si redoutable, si incompréhensible aux ennemis du catholicisme. Elle est envahissante? Qui prétendrait s'y soustraire? Elle nous domine à notre insu et malgré nous; nos débiles volontés, elle les gouverne à son gré; ce qu'elle veut elle nous force à le vouloir, et lors même que nous voulons le contraire, dans un autre sens nous accomplissons encore sa volonté. Elle est irrésistible. Prétendrions-nous y résister? Ce serait prétendre être plus fort que l'univers. Qui lui a résisté? La mer? Mais la barque du pêcheur du lac de Genezareth l'a labourée en tous sens. Les déserts? Mais l'arbre de la vraie liberté en a pris possession. Il a frappé leur stérilité de fécondité en les transformant en oasis exubérantes. Les royaumes et les empires? Mais sa puissance a tout fait fléchir devant elle; lois, coutumes, préjugés, cultes idolâtriques, légions, armées, tyrannie sanglante; de son pied formidable, elle a lancé tout cela dans l'océan de l'oubli. La terre entière? Mais son étendard flotte aux deux pôles du temps et du monde. Qui n'a pas tenté de lui résister? Mais que sont devenus tous les tentateurs? Les tyrans persécuteurs ne l'ont-ils pas osé? N'ont-ils pas frémi avec les nations? N'ont-ils pas essayé de tous les vains et criminels projets? Ne se sont-ils pas réunis contre le Christ, pour briser son joug et le jeter loin d'eux. *Quare fremuerunt gentes et populi meditati sunt anima.* Mais celui qui habite dans les cieux, a abaissé un regard de pitié sur leurs inutiles efforts. Il les a pris, il les a pesés, il leur a parlé dans la fureur de sa colère; il les a frappés de terreur et les a brisés avec sa verge de fer. *Qui habitat in cœlis irredebit eos, et Dominus subsannabit eos.*

Histoire, dis-nous quelle a été la mort tragique et lamentable des dix premiers tyrans persécuteurs? Influence irrésistible! Les empires, frémissant d'impuissance, ont tenté la même résistance. Mais celui qui a été établi roi sur la montagne de Sion, pour publier les oracles éternels, les a pesés, foudroyés, dans sa fureur, et brisés comme un fragile cristal.

Histoire du peuple roi, dis-nous ce que sont devenus les empires d'Orient et d'Occident; dis-nous les vampires qui ont sucé jusqu'à la dernière goutte de leur sang? la famine et la peste. Dis-nous quels vautours ont dévoré leurs cadavres? Influence irrésistible! Les rois du XVIIIe siècle ont tenté la même résistance. Ils se sont réunis avec le sacerdoce et la noblesse contre le Christ. Ils ont dit : abaissons son joug. Mais celui qui a été engendré de toute éternité, leur a parlé dans sa colère et sa fureur, il les a pesés; et de sa verge de fer, il les a broyés comme des vases d'argile. Annales sanglantes, dites-nous ce que sont devenus ces rois, leurs parlements, leur clergé, leur noblesse? Influence irrésistible! Un conquérant, fils des flots, fort de la force de ses escadrons, a tenté la même résistance. Il a dit : brisons son joug, imposons-lui le nôtre; mais celui qui a reçu les nations en héritage l'a pesé et enseveli sous les flots d'où il était sorti. Influence irrésistible! Une restauration nouvelle n'a voulu subir qu'à demi le joug du Christ, et les pavés l'ont maudite. Influence irrésistible! Un roi, sorti des barricades, avec ses bourgeois et son Université, a tenté la même résistance : l'avez-vous vu peser par le sifflement vengeur des pavés. Influence menaçante! Aujourd'hui tout est dans la balance. Celui qui est tout-puissant pèse les rois de l'Europe conjurés contre lui depuis un siècle, il pèse l'aristocratie bourgeoise, il pèse la puissance enseignante. Arrêtons-nous, l'avenir n'est plus à nous. Mais Dieu tient en main le communisme comme un spectre menaçant. Si l'on n'écoute enfin ses terribles avertissements, il commandera à l'ange exterminateur de prendre puissance de cette puissance exterminatrice.

O peuple! sais-tu pourquoi tu as le pouvoir? Lis cette page mystérieuse et prophétique de toute la Providence, dans le prophète des prophètes : *quare...*, et il n'aura plus d'énigmes pour toi. Il avait donné le pouvoir aux rois et aux grands, et il les a brisés. Il avait donné le pouvoir aux rois et aux armées, et il les a brisés. Il avait donné le pouvoir aux rois et aux bourgeois, et il les a brisés. Pourquoi? Parce qu'ils ont tourné contre le Christ le pouvoir qu'il leur avait donné. Et voilà pourquoi il te donne, comme au plus digne, la puissance. Influence menaçante! Si tu suis l'exemple de tes devanciers, il te parlera comme à eux dans sa fureur et sa colère, il te pèsera et de sa verge de fer il te brisera pour ne plus reparaître.

Voilà l'histoire d'hier, voilà l'histoire d'aujourd'hui. C'est en vain que les historiens veulent falsifier, corrompre et dresser tous les faits à leur image et à leur hideuse ressemblance.

O peuple roi, comprends donc, instruis-toi de l'expérience des siècles, toi qui juges la terre. Sache accomplir la loi de ce Seigneur, qu'il faut servir avec crainte, qu'il faut louer en tremblant. Rentre dans la grande voie de l'ordre et de la discipline sacrée, sinon sa fureur va s'allumer pour te jeter hors des sentiers de la justice et de la vie. Heureux si tu sais te confier en lui.

Ainsi donc, ô hommes, cette influence que vous attribuez au clergé est vraiment envahissante et irrésistible. Y résister, rien de plus redoutable, et sous ce rapport vous avez raison de craindre, raison de la nommer terrible, redoutable. Car l'histoire ne nous dit-elle pas à haute voix, qu'elle brise tout ce qui veut s'opposer à son passage torrentiel. Depuis le Christ, ce nouveau régulateur providentiel, il n'y a plus qu'une cause aux biens comme aux maux publics, c'est le catholicisme. La pratique du catholicisme, source de la liberté, de la prospérité, de la force, de la durée, de la vitalité des nations en ce monde, source de tous les biens présents et futurs pour les individus. L'oppression et l'abus du catholicisme, source de tous les malheurs publics et privés. Abus par excès ou par faiblesse du catholicisme, de la part du clergé ; pour l'Eglise, défaites, défaillances et abaissements. Oppression du catholicisme par les rois et par les peuples, affaissements, désorganisation, anarchie, révoltes, révolutions et désastres. A mesure qu'on s'approche du catholicisme, la vie ; à mesure qu'on s'en éloigne, la mort.

Rien n'échappe à cet infaillible baromètre, ni dans l'Église, ni dans les nations, ni dans les familles.

Dans le premier cas, biens pour les peuples et gloire pour l'Eglise. Dans le second, maux pour les peuples et ignominie pour l'Eglise. Voilà le pivot sur lequel roulent tous les événements, sans en excepter un seul. De là, rien ne peut plus dévier d'une seule ligne. C'est comme le point immuable de l'immobile éternité.

Nous défions l'histoire impartiale et approfondie de dix-huit siècles de nous démentir. Ainsi, vouloir résister à cette influence, c'est vouloir résister à un géant d'une force démesurée. Vouloir la comprimer par une résistance clandestine et perfide, c'est vouloir périr ignominieusement. Vouloir la comprimer par les persécutions ouvertes et par le martyre, c'est vouloir, à l'exemple des persécuteurs, se faire foudroyer par le bras de Dieu. Le passé, le présent; leçons terribles !

Ainsi, cette influence ne vient ni du clergé, n'est pas au clergé, ni pour le clergé, mais pour toute l'humanité.

A raison de cette influence, le clergé est essentiellement envahisseur, il doit l'être ; et son crime, s'il y a crime, c'est de ne l'être pas assez. Et pour arriver à cette fin, il lui faut la liberté. Par sa mission, il est donc partisan né de la liberté.

Donc, rien, rien à redouter de la part du clergé, ni de la part de l'Université. Donc, point de motif pour retenir captive la liberté d'enseignement, que la mauvaise foi, ou la faiblesse, ou la haine du catholicisme. La refuser, par ce dernier principe, c'est vouloir directement la ruine de la liberté et de la République. Car, n'avons-nous pas vu que cette résistance avait été dans tous les temps la cause de la destruction des royaumes et des empires; de la chute désastreuse des rois, de l'abaissement et des calamités des peuples. Donc, de ce côté aucun motif, sinon l'expectative d'une loi ou

. . . . . . . . . . . . . . . . . .

## La prédilection pour le vieux régime du monopole.

Dans quel but? Est-ce dans celui d'asservir la société et la divinité? Est-ce dans le but de détruire tout droit, toute liberté publique et privée; le droit et la liberté de la pensée; le droit et la liberté de la conscience; le droit et la liberté de l'individu; le droit et la liberté commune de la souveraineté du peuple? Est-ce dans le but de blesser à mort tous les droits et les intérêts sociaux; de tout immoler aux pieds de la hideuse idole du vieux servilisme? Est-ce dans le but de le fortifier sur son pinacle, pour être l'encan et le carcan perpétuel des intelligences? Les conséquences désastreuses du monopole vont-elles redoubler la rapidité de leur marche, atteindre leurs dernières limites et pourrir jusqu'aux dernières racines de la société? Allez-vous porter jusqu'au comble le crime de lèze-majesté intellectuelle, de lèze-majesté divine? Vous ne reconnaissez plus, dites-vous, de droit divin. Vous ne voulez que le droit naturel, que le droit commun. Eh bien! je vous prends à partie. Mais où est cette liberté, ce droit commun de l'enseignement? Mais pourquoi alors, maintenez-vous ce droit commun, public, national, à l'état de droit privé exclusif, de droit de priviléges, de propriété de castes? Mais je vous le demande, un droit ainsi formulé, un droit qui blesse le droit de tous, est-il un droit? Ce qui est fondé sur l'iniquité est-il, oui ou non, la réalité du droit ou l'absence complète, la négation absolue de tout droit? Le droit est-il dans les mots, dans les noms de règlements, d'arrêtés, de décrets, de lois? Depuis quand les mots ont-ils la vertu créatrice? Depuis quand ont-ils la puissance de faire naître la justice où réside l'iniquité, de transformer l'injustice en équité? Où avez-vous appris que des noms pouvaient faire que ce qui est injuste fût justice, et que ce qui est juste fût inique? Serait-ce une nouvelle découverte? De cet anéantissement du droit commun, public, que pouvait-il, que devait-il résulter? que pouvait-il, que devait-il rester en fait de droit? l'injustice et l'iniquité. Il n'en pouvait être autrement, car à qui ferez-vous croire qu'un principe injuste puisse jamais produire la justice? En appellerez-vous à vos actes? Eh bien! soit, ne récusons pas leur témoignage; car ils sont bien dignes d'exciter l'admiration de la postérité. Quelle lumière brillante et immortelle!

Eh bien, dites-nous ce que vous penseriez d'un architecte qui aurait résolu de bâtir un édifice, et qui commanderait à ses maçons de bâtir avec des matériaux, et qui les punirait ensuite d'avoir bâti avec ces mêmes matériaux.

Que diriez-vous d'un général d'armée qui voudrait donner une grande bataille et qui commanderait à ses soldats de combattre sans armes, et qui les châtierait ensuite d'avoir combattu sans leurs armes.

Que diriez-vous d'un législateur et d'un prince qui établirait des conditions pour remplir tous les emplois de l'Etat, pour être avocat, médecin, pharmacien, notaire, juge et magistrat, et qui dirait ensuite à ses sujets : Oui, vous avez rempli toutes les conditions que j'ai posées, que j'ai validées, en vous conférant par diplôme l'attestation du droit acquis; mais malgré votre droit acquis, auquel je n'ai rien à opposer, je m'oppose à ce que vous soyez avocat, notaire, médecin, imprimeur-lithographe ou chyrographe, bottier, cordonnier. De vos travaux, de vos veilles, de vos dépenses, de votre science, de votre capacité, de votre avenir, je n'en tiens aucun compte. Que diriez-vous d'un tel législateur qui refuserait ainsi à vos enfants les emplois qu'il a promis; les emplois promis à l'accomplissement des conditions posées, à l'accomplissement qu'il a lui-même constaté, validé? Que diriez-vous, après tant de sacrifices de votre part et tant de labeurs de la part de vos enfants? Auriez-vous des expressions assez énergiques, pour qualifier une telle monstruosité? Guet-apens ne vous aurait jamais paru plus infernal. Quoi! lui diriez-vous, vous proposez un but, vous établissez les moyens pour l'atteindre, vous faites concourir même personnellement vos agents à l'acquisition de ces moyens; et quand ces moyens sont acquis, quand vous avez validé ces moyens, vous ne voulez plus que le but soit atteint! Vous voulez donc la fin sans les moyens, et les moyens sans la fin. Vous exigez rigoureusement les moyens quand la fin n'est pas atteinte, et quand les moyens sont acquis vous empêchez qu'ils atteignent la fin que vous proposez impérieusement! Peut-on imaginer un cauchemar plus affreux? Et n'est-ce pas, ô universitaires, ce que vous faîtes? les faits ne sont-ils pas publics et multipliés? Pouvez-vous, osez-vous les nier? Qui a établi les différentes positions enseignantes? Vous. Qui a établi les conditions, les grades, pour y arriver? Vous. Qui concourt pour les examens à l'accomplissement de ces conditions? Vous. Qui constate, qui valide par des diplômes l'accomplissement de ces conditions? Vous. Le droit d'enseignement est donc constaté, validé, vérifié par vous. Serez-vous libre ensuite d'enseigner? Point du tout. Que faut-il encore? L'autorisation. L'obtiendrez-vous? Si cela plaît à monsieur le grand-maître. Ainsi, votre droit acquis est à la discrétion du bon plaisir, du caprice, de l'arbitraire de la tyrannie, de la partialité inique d'une volonté. Ainsi, voilà le droit organisé, coordonné par rapport à l'iniquité, sous la main de l'injustice même. Vit-on jamais un renversement pareil?

Que le grand-maître puisse vous refuser l'autorisation, quand on lui demande une position onéreuse à l'Etat, cela se conçoit; mais qu'il ait le droit de vous refuser sans raison, quand vous lui demandez le bénéfice gratuit de votre capacité constatée; d'anéantir la position sociale à laquelle vous aspirez depuis votre naissance; qu'il puisse d'un mouvement de sa volonté inique, détruire votre vocation, vous rayer du livre de l'ordre providentiel, c'est plus qu'une injustice, c'est une espèce de suicide, c'est une impiété monstrueuse, sacrilége et révoltante; qu'il puisse opposer son droit au droit établi par lui, par ses conditions, ses grades, ses diplômes; c'est une anarchie sans exemple. C'est une amalgame de droits qui s'élèvent les uns contre les autres, qui se combattent, qui se déchirent, qui se dévorent et qui s'entredévorent. C'est un spectacle pire que celui des bêtes féroces et furieuses aux prises les unes avec les autres.

Qu'il puisse vous dire arbitrairement et sans raison : Non, vous n'enseignerez point, eussiez-vous tous les grades universitaires, fussiez-vous docteur ès-sciences universelles, eussiez-vous à vous seul plus de savoir que toute l'Université, eussiez-vous l'omniscience divine, *sic volo*, *sic jubeo*, *sit pro ratione voluntas;* libre à nous de reconnaître ou d'annuler votre droit. Voilà ce que les expressions ne peuvent plus qualifier. . . . . . . .

Qu'une société, depuis quarante ans, tolère un homme dans cette position suprême, dans cette position arbitraire et irresponsable, un homme qui soit libre de se jouer ainsi des talents, du génie, des travaux, du savoir, de la vie entière des hommes qui peuvent être des puits d'érudition et de savoir : c'est là un phénomène inexplicable. . . . .

Ainsi nous est donné de voir chaque jour le plus grand de tous les docteurs désarçonné par un simple et inexorable factum ; il ne lui sera pas même permis d'enseigner l'alphabet, si cela plaît au grand-maître. Ainsi vous le verrez, épuisé de fatigues et de veilles, obligé de replier bagage, de remettre ses prétentions à un autre siècle, de jeter ses livres à son foyer, d'aller ensevelir dans la tombe le fruit de travaux presque séculaires. . . . . . . .

Phare de lumière, il ne lui aura pas été loisible de laisser jaillir sur ses semblables un seul rayon lumineux ! . . . . . . . . .

Malheur au soleil, s'il était, comme à d'autres Phaétons, donné aux universitaires de diriger sa course. Nouveaux Josués, ils lui commanderaient de s'arrêter, non plus pour éclairer la terre, mais pour l'ensevelir dans une ombre éternelle. Ainsi, pour avoir fait du droit commun, public et universel, un droit privé, exclusivement exclusif, on est arrivé à la plus énorme des injustices, à la destruction de tout droit, de toute liberté.

Ainsi, l'édifice du monopole, loin d'être fondé sur le droit, n'est pas même fondé sur un sable mouvant, sur un sol volcanique, il n'a pas l'ombre de base. Il est donc menacé, non-seulement par les vents, les tempêtes, l'éruption des torrents, mais par le néant même. Ses injustices enfin accumulées, à leur comble, la vengeance de Dieu ne peut tarder à se consommer, et à faire entendre le glas funèbre de son agonie.

Qui détruit sera détruit ; la ruine du droit des intelligences est le plus grand des crimes sociaux : par conséquent ruine matérielle la plus complète.

Mais ce n'est pas là tout le crime, car la liberté d'enseignement n'est pas seulement de droit naturel, mais encore de droit divin. Alors, le monopole dans le but de retenir captive, non-seulement la vérité naturelle, mais surnaturelle, ne veut point de liberté : responsabilité alors encore bien plus effrayante ! Et vous croyez vous mettre à l'abri en vous moquant du droit divin, en le niant ! Mais pensez-vous que ce sont vos moqueries, vos négations qui vous sauveront du péril ? Croyez-vous que ce sont vos négations qui détruiront le droit divin ? Que vous soyez croyants ou incroyants, cela importe peu, soyez-en bien convaincus. Ce ne sont ni vos croyances, ni vos incroyances, qui feront être divin ce qui ne l'est pas, qui feront n'être pas divin ce qui l'est. Ce qui est divin, est divin, et puis voilà tout : voilà l'*ultima ratio rerum*, contre lequel viennent se pulvériser toutes vos objections.

Et pourquoi donc n'y aurait-il pas de droit divin? D'où viendrait donc que lorsque la plus vile des créatures a des droits, le plus grand des êtres n'en aurait point? Quoi! l'Etre infini, le créateur de l'univers, le Tout-Puissant; celui de qui découle toute autorité, toute loi, tout droit, n'aura plus de droit! Blasphème plus infernal fut-il jamais proféré par Satan? L'ange déchu et maudit a-t-il pu jamais inventer une injure plus atroce pour la toute-puissance.

O atômes! osez-vous bien entrer en lutte avec Dieu? Ne craignez-vous point d'être fulminés, réduits en poudre? Et vous osez porter à Dieu le plus audacieux défi! Quoi! par vos négations vous prétendez faire plus que de changer Rome et Paris de place! faire plus que d'intervertir la course du soleil! faire plus que d'anéantir l'univers! vous prétendez anéantir le droit de Dieu! anéantir non les constitutions humaines, mais divines! non les lois humaines, mais divines! non la vérité naturelle, mais surnaturelle! non la lumière du monde visible, mais la lumière du monde invisible, la splendeur de la justice et des intelligences qui brille jusque dans les plus profondes ténèbres! non seulement le droit de l'homme, mais de Dieu! non seulement la parole humaine, mais encore la parole de Dieu! parole qui a juré par elle-même et par celui qui est trois fois saint, par le ciel qui est son trône, par la terre qui est l'escabeau de ses pieds! qui a juré, par les serments les plus sacrés et les plus solennels, que pas un iota de ce qu'elle a dit ne serait sans accomplissement.

Ici donc, il n'y a pas seulement négation du droit divin, pas seulement attentat contre l'ordre naturel, mais contre l'ordre surnaturel.

Car, s'il y a deux genres de vérités, il doit y avoir

deux ordres d'enseignements. Enseignement des vérités de l'ordre naturel, enseignement des vérités de l'ordre surnaturel. Donc, enseignement de droit naturel, enseignement de droit divin.

Donc, s'opposer à la liberté d'enseignement, c'est s'opposer à la fois au droit naturel et au droit surnaturel. Car, si l'enseignement des vérités religieuses est d'obligation, c'est s'opposer à un devoir impérieux, à un commandement formel et tout puissant. Or, qui oserait peser le poids d'une pareille responsabilité? qui ne s'en effrayerait? N'est-elle point capable de sa nature de porter le trouble jusqu'à la moëlle des os, jusqu'à la division de l'âme et de l'esprit? Quel caractère de gravité ne prend point cette opposition, si nous ajoutons que la liberté d'enseignement n'est pas seulement de droit divin quant à son principe, comme nous venons de le démontrer; mais quant au précepte, quant aux personnes sans exception et quant aux moyens.

Quant à son précepte, nous avons fait observer à l'incrédule que soit qu'il admette ou non que Dieu ait parlé, cela ne change rien à la question. Dieu a parlé en dépit de lui, malgré lui, contre lui. Et qu'a-t-il dit : Allez, dit-il à ses apôtres, annoncez l'Evangile à toute créature. Allez, enseignez toutes les nations, *docete omnes gentes*. Voilà un devoir, une obligation imposée; obligation divine quant à son principe et à la fin proposée. Où il y a devoir, obligation, n'y a-t-il pas droit à la chose obligée? Ainsi, la liberté d'enseignement est de droit divin quant à son précepte.

Elle est de droit divin quant aux personnes. Il a été dit : annoncez l'Evangile à toute créature. Enseignez toutes les nations, c'est-à-dire, tous les individus que comprennent les nations ; tous les âges, les jeunes et les vieux ; toutes les conditions, les grands et les petits ; mais spécialement les petits, mais spécialement l'enfance, parce que c'est dans cet âge que l'instruction est la plus nécessaire, la plus efficace, parce que c'est à cet âge que se trouvent les plus favorables dispositions, que se gravent les impressions profondes, permanentes et ineffaçables ; parce que c'est dans cet âge que se posent les fondements d'un avenir temporel et éternel.

Dans l'enfance instruction plus nécessaire, plus fructueuse. Donc, à l'égard des enfants, devoirs encore plus rigoureux, plus impératifs qu'à l'égard de tout autre. Donc, la liberté d'enseignement est de droit divin à l'égard de toutes les personnes sans distinction d'âge, ni de sexe, ni de rang, et particulièrement à l'égard de la jeunesse.

La liberté d'enseignement est de droit divin quant à ses moyens.

Annoncez l'Evangile, dit Jésus-Christ, à toute créature, enseignez toutes les nations. Mais par quel moyen ? Par tous les moyens naturels et surnaturels. Point de distinction. Or, où le législateur ne distingue point, l'interprète ne doit pas distinguer.

Donc, le sacerdoce est obligé d'enseigner par tous les moyens, par les moyens surnaturels, comme les plus efficaces ; par les moyens naturels, comme conduisant indirectement à la même fin.

Dieu ne fait aucune restriction, aucune réserve ; il ne le devait pas. Car toutes ses créatures ne sont et ne peuvent être que pour concourir au salut des élus : *Omnia propter electos*. Il ne le devait pas ; car, l'enseignement, devenant de droit divin, ne pouvait excepter nul moyen. Car, dire droit divin, c'est dire le droit de Dieu ; or, Dieu comme créateur, comme dominateur souverain, comme maître absolu, peut-il exempter un atôme de son domaine ; non seulement il ne le doit pas, mais il ne peut pas même le vouloir, malgré sa puissance absolue. Une telle exception est donc nécessairement hors de son pouvoir. Donc, dès-là que l'enseignement est de droit divin, tous les moyens qui peuvent conduire directement ou indirectement à la fin proposée tombent en son pouvoir. Dieu même, avec sa toute-puissance, ne peut ni faire, ni vouloir le contraire. D'ailleurs qui fait don du principal fait don de l'accessoire ; qui donne plus, donne moins.

Donc, l'enseignement considéré dans sa généralité est de droit divin quant à son principe, quant à sa fin, quant aux personnes sans distinction, quant à tous les moyens.

Dire que Dieu ne doit se servir que de moyens divins, c'est dire que Dieu ne devait point employer les hommes pour prêcher l'Evangile, car les hommes sont des moyens et des instruments naturels; c'est dire que Dieu ne devait point bâtir le surnaturel sur le naturel. Mais sur quoi alors aurait-il posé les bases de son édifice spirituel ? En voulant élever l'homme à l'état surnaturel, il aurait donc fallu qu'il détruisît la nature de l'homme, et qu'il la refondit par une nouvelle création. C'est dire que l'ordre naturel ne doit pas être subordonné à l'ordre surnaturel ; mais où serait l'harmonie de l'unité ? Tout ne tomberait-il pas dans le désordre et le chaos ? Donc l'enseignement est plus qu'un droit pour le sacerdoce ; c'est un devoir, une obligation. Obligation rigoureuse et directe, s'il s'agit des moyens qui conduisent directement à l'ordre surnaturel ; obligation indirecte, s'il s'agit des moyens qui y conduisent indirectement. Donc, il est absurde de dire qu'il ne doit enseigner ni les lettres, ni les sciences qui sont dans l'ordre naturel. Non seulement il le peut, mais il le doit en tant que la science et les lettres peuvent conduire indirectement à l'ordre surnaturel; non seulement il le peut, mais il le doit en tant qu'elle sont une occasion des plus efficaces pour conduire à l'ordre surnaturel. Or, enseigner les sciences et les lettres à la jeunesse, en y mêlant l'enseignement religieux d'une manière imperceptible; point de moyen plus efficace pour faire glisser adroitement, infiltrer sans qu'on s'en aperçoive, la piété dans les cœurs. Moyen plus efficace que tous les sermons, parce que l'enfant, n'étant point prévenu, la rosée des principes religieux imbibe, sans le moindre obstacle son cœur et son esprit sans qu'il s'en aperçoive.

Sans doute que Dieu n'a pas détruit le droit naturel d'enseignement; loin de là, il lui a donné un nouveau développement, un nouveau degré d'être, en le divinisant: car ce qui est divin a toujours plus d'être que ce qui est naturel, puisqu'il est dans un état supérieur.

Non, Dieu n'a pas détruit l'ordre naturel, en ce sens qu'il en ait fait un droit exclusif, qu'il ait ôté à certains hommes le droit d'enseigner; ce qui était commun il l'a laissé commun. En tant que commun, il en fait le partage de tous prêtres et laïcs; en tant que divinisé, il en fait le partage d'une seule classe d'homme.

Ainsi, l'enseignement, en tant qu'il a rapport directement à l'ordre naturel, appartient à tous les hommes sans exception.

L'enseignement, en tant qu'il a un rapport indirect à l'ordre surnaturel, appartient spécialement au sacerdoce, mais pas exclusivement.

L'enseignement, en tant qu'il a un rapport direct à l'ordre surnaturel, appartient spécialement au sacerdoce, et exclusivement.

Car, à qui Dieu a-t-il dit, allez, enseignez toutes les nations. Est-ce aux académiciens, aux philosophes, ou aux apôtres ? Est-ce à ceux qui sont sans mission divine ou à ceux qui sont revêtus d'un caractère divin? Est-ce aux rationalistes, aux éclectiques, aux spiritualistes, aux pyrrhonistes, aux matérialistes, aux épicuriens, aux panthéistes, aux indifférents, aux communistes, aux impies, aux athées, aux universitaires, au grand-maître de l'Université? Que nous importe, nous répondrez-vous, ce que Dieu ait dit ou pu dire, et ce que vous dites ; vous n'enseignerez point : vous n'enseignerez ni au nom du droit humain, ni divin ; eussiez-vous l'omnipotence de la science céleste et terrestre, fussiez-vous des envoyés d'en haut, arrêteriez-vous les astres dans leur marche, inclineriez-vous le firmament, entrouveriez-vous sous mes pieds les battants de l'abîme, pour prouver votre mission! fussiez-vous roi des intelligences, l'auteur de toute lumière, fussiez-vous le Christ, fussiez-vous Dieu lui-même; vous n'enseigneriez point, sans mon *libeat!* Mon *libeat* à mes pédagogues, même à des ignorantins, même à des repris de justice, même à des échappés de bagnes ! mais à vous, jamais ! si ce n'est à la condition de rester sous mon servage ; mais à vous, jamais, tant que vous me parlerez de droit divin ! Car, en matière d'enseignement, je ne reconnais point d'autre droit que le mien ; point d'autre docteur ès-sciences et ès-arts que moi ; point d'autre Dieu que moi.

La divinité vous ordonne, dites-vous, d'enseigner, et c'est précisément le motif pour lequel je vous le défends. Si vous enseignez, je n'y consens qu'à une condition : c'est à celle de ne point toucher aux générations naissantes, que nous voulons mouler de manière qu'elles soient inaccessibles à votre influence. A cette condition, libre à vous d'enseigner les générations tarées, flétries, dégradées, impies; les générations qui n'éprouvent plus pour vos doctrines qu'un profond dégoût, pour vous qu'un mépris formel ; qui vous regarderont comme des parias, des ilotes, comme le rebut de la société, comme une race maudite qu'il faut fuir comme la lèpre, qu'il faut laisser prêcher dans le désert.

C'est ainsi que vous prétendez retenir captive non seulement la vérité naturelle, mais surnaturelle. Mais n'avez-vous jamais lu dans saint Paul, ce grand conquérant des intelligences, cet ardent propagateur de la liberté universelle, ce modèle inimitable des vrais républicains, n'avez-vous jamais lu de quels horribles châtiments Dieu frappa les sages de l'antiquité, pour avoir retenu la vérité captive? mais quelle vérité ? La vérité surnaturelle ? Non, mais simplement la vérité naturelle. Et par quel motif? Par malice ? Non, mais par faiblesse, par honte, par respect humain. Quels trésors de colère, alors contre vous, pour avoir retenu, et retenir captive, non seulement la vérité naturelle, mais surnaturelle, non par faiblesse, mais par malice; non par lâcheté, mais par haine; non par respect humain, mais par un projet déicide.

C'est ainsi que vous êtes arrivés à la destruction de tout droit et humain et divin, et que vous vous rendez coupables d'un attentat de lèze-majesté sociale et divine. Puissance de l'atôme, qui prétend régenter l'univers! du grain de sable qui prétend arrêter les flots de l'océan! imperceptible planète qui prétend effacer la splendeur des cieux! invisible ciron qui prétend se mesurer avec l'éléphant, briser le sceptre du roi des intelligences, le chasser de son trône, le dépouiller de son domaine absolu, souverain, universel, éternel, inaliénable! Et tu prétends triompher, éviter les coups inévitables qui te menacent, tu oses sourire de pitié à la vue de la main terrible qui va s'appesantir sur toi.

Lucifer voulant s'égaler à Dieu, s'élever au-dessus de lui, détruire son empire, voilà ton image. Lucifer foudroyé ; voilà ton avenir, et ton avenir est proche. Comme la monarchie abîmée, tu crois être à l'apogée de ta puissance, de ta prospérité, et tu es à l'apogée de ta chute et de ta ruine. Malheur à qui voudra soutenir ton édifice ruineux et ruiné! Il sera avec toi écrasé sous ses débris. Oui, tu vas crouler, malgré tous tes efforts et tous tes partisans, et déjà tu croules! Ne vois-tu pas que lorsque ta main de fer ne pourra plus peser sur tes victimes, elles te briseront comme tu as brisé leur conscience, ce fondement de toute édification, de toute force et de tout ordre.

Tes habitations se changeront en repaires de bandits qui désoleront ton royaume, comme tu as désolé l'empire de leur cœur et de leur intelligence.

Oui, le bras redoutable de celui à qui rien ne saurait échapper est levé, il ne se retirera plus qu'il n'ait consommé sa vengeance. J'en ai l'intuition si profonde, si lumineuse qu'il semble que Dieu te parle par ma bouche.

Cadavre vermoulu, il faut que tu t'enfermes dans le tombeau, si tu veux renaître à une vie nouvelle. N'invoque pas tes aumôniers, car Dieu ne te les as donnés que pour précipiter ta ruine, que pour être témoins de ton agonie, que pour escorter ton convoi funéraire. Jamais il ne fut une cause plus active de destruction.

Tes aumôniers ne sont, comme je te l'ai montré, que la pierre angulaire de la réprobation de la jeunesse. Et la réprobation de la jeunesse est la sentence formelle de ta réprobation.

Ainsi, la prédilection pour le monopole n'aboutit qu'à l'anéantissement de tous les droits de la société et de la divinité, et qu'à consommer la ruine inévitable de l'Université. Donc, motif encore plus puissant de proclamer la liberté d'enseignement, pour quiconque veut le salut des universitaires. S'il restait encore un seul motif, ce ne pourrait être que :

### L'expectative d'une loi.

Vouloir soumettre la liberté d'enseignement à une loi, c'est la chose du monde la plus inconcevable; jamais il ne fut donné aux annales historiques d'être témoins d'un fait aussi bizarre, aussi ridicule, aussi monstrueux. Pour arriver à ce point de démence, il faut qu'un peuple ait atteint le plus haut période du délire et de l'extravagance. Lorsqu'on considère la question à fond, la parole manque de couleur et de force pour fustiger, pour flétrir cette anomalie sans précédent.

En effet, qu'est-ce que la liberté d'enseignement ? C'est le droit de la conscience, de la pensée, de la foi ; c'est le droit de l'intelligence ; c'est le droit pour l'homme de se manifester à l'extérieur, de manifester son être, sa nature, ses qualités ; c'est le droit non plus de se produire au dehors par la génération physique, mais par la génération intellectuelle: ce droit, c'est donc l'homme et tout l'homme.

Vous avez bien entendu parler de lois destinées à réprimer les actes immoraux et extérieurs de la pensée, de la volonté. Presque toutes les lois humaines et divines tendent à ce but. Mais de vouloir punir des actes non existants, c'est une chose inouïe; mais d'ériger en crimes des actes louables et dignes d'honneur; mais d'établir des délits où il n'y a pas même d'actes, c'est encore une chose plus inouïe. Mais de soumettre à une loi préventive la conscience, la pensée, la foi, la nature de l'homme, son existence intellectuelle, cela dépasse toutes les bornes de l'absurde. Pour gober une pareille pilule, il faut être Français, il faut avoir la taille d'un Gargantua. Mais de s'opposer ainsi non à la génération physique, mais à la génération intellectuelle de l'homme, cela dépasse toutes les bornes de la monstruosité. Nous ne sommes plus que des pygmées auprès des Liliputiens.

Soumettre à une loi la pensée humaine, l'intelligence humaine, la foi humaine, cela se conçoit très-bien, si, se faisant jour à travers ce chaos ténébreux, on veut parler d'une loi répressive, qui atteigne les actes mauvais produits extérieurement. Cela se conçoit très-bien encore, si on veut parler d'adopter comme loi civile, soit une loi naturelle, soit une loi canonique, soit une loi divine. Mais si on veut parler d'ériger en loi, ce qui déjà est loi par sa nature, de *législativer* une loi; c'est un fatras de mots inintelligibles, c'est le chaos des idées, c'est la confusion de Babel, c'est plus, c'est la folie la plus extravagante. Car, est-ce votre nom de loi, qui fera que ce qui est loi par sa nature intrinsèque soit plus loi qu'elle ne l'est? Sera-ce votre mot de loi, qui fera que ce qui est loi par sa nature intrinsèque ne le soit plus ? Jamais.

Donc, soumettre à une loi la pensée humaine, l'intelligence humaine, la foi humaine considérées non dans leurs actes, mais dans leur principe, c'est vouloir ériger en loi, c'est vouloir *législativer* la conscience humaine, la pensée humaine, la foi humaine, l'intelligence humaine. Mais la pensée, la conscience, la foi, sont des lois. Or la liberté d'enseignement étant l'expression de ces lois, vouloir soumettre leur principe à une loi, c'est ériger une loi en loi ; c'est *législativer* une loi : donc c'est la folie jointe à l'absurde.

Soumettre à une loi, la conscience, la pensée, la foi, l'intelligence humaine ; cela ne se conçoit plus, si on veut parler d'une loi purement préventive. Ou votre loi préventive a pour but d'atteindre le principe ou les actes extérieurs. Si vous voulez parler d'atteindre les actes, elle n'est donc plus préventive, mais répressive, elle n'a donc pas de signification comme loi préventive. Car, la loi répressive a pour but de punir les actes commis, la loi préventive a pour but de les empêcher ; par conséquent d'atteindre le principe même de l'acte. Or, le principe de tout acte ne peut être atteint que de deux manières : directement et indirectement. Indirectement, c'est-à-dire par une défense. Or, sur quoi tombe cette défense ? Est-ce sur le principe ? Non, car elle ne peut l'atteindre comme nous le verrons, mais sur l'acte extérieur qui peut être produit extérieurement ; donc, en elle-même, cette loi n'est nullement préventive, mais répressive par précaution, par prévision. L'acte défendu est mauvais en lui-même, ou pernicieux à la société ou non. Dans le premier cas, la loi est juste et peut atteindre l'acte, le cas échéant. Dans le second cas, elle est injuste, car elle ne peut défendre ce qui en soi est bon, juste et n'est point pernicieux. Le défendre est un crime, le punir c'est un crime. Or, enseigner les lettres, les sciences, la religion, la morale, la vertu, est chose en soi bonne, juste et utile à la société. Donc une loi qui défend et punit un tel acte est doublement criminelle, plus criminelle qu'une loi qui défendrait de jouir de la lumière du soleil et de contempler les objets qu'il éclaire. Car la lumière spirituelle, intellectuelle et morale, ainsi que les objets qu'elle éclaire étant plus nécessaire et d'un ordre supérieur à la lumière matérielle ainsi qu'aux objets qu'elle éclaire, il y a privation, vol d'un plus grand bien dans le premier cas que dans le second. Loi criminelle dans sa défense ; car dès là qu'elle défend une chose juste, elle a pour fondement l'injustice même, l'absence de tout droit. Donc elle est privée de l'essence de toute loi, donc elle n'a de loi que le nom, donc elle peut et doit être foulée aux pieds. Loi criminelle dans son châtiment ; châtier pour enseigner la science, les lettres, la vertu, la religion pour illuminer les intelligences ; châtier pour un tel acte, n'est-ce pas le plus affreux et le plus atroce des forfaits ? Des tribunaux qui osent porter de telles sentences, qu'est-ce ? Des tribunaux iniques composés de juges pervertis, injustes et criminels. Or, quand les gouvernements sont arrivés à ce degré de perversité, de corruption et d'infamie qui va jusqu'à ériger leurs tribunaux en tribunaux d'iniquité, faut-il s'étonner de voir le vengeur de toute justice les écraser sous le poids de ses malédictions et de ses vengeances. Donc, toute loi préventive, même indirecte sur la liberté d'enseignement en général, est une loi doublement criminelle. Que sera-ce donc d'une loi directement preventive, c'est-à-dire qui prétend atteindre directement le principe des actes? Pour atteindre ce principe, que faut-il? Pénétrer dans ma pensée, dans ma conscience, dans mon intelligence. Mais en avez-vous le droit et le pouvoir? N'est-ce pas là pour vous un sanctuaire impénétrable, inaccessible? inaccessible non seulement à vous, mais même aux esprits angéliques! Il n'y a qu'un seul et unique être qui puisse aborder dans ce lieu, il n'y a que lui seul qui puisse y établir des lois préventives. A tout autre l'entreprise est impossible et chimérique. Au pouvoir civil, toute loi purement préventive est donc absolument impossible et hors de sa compétence.

Donc, ô législateurs, si vous prétendez établir des lois préventives, sous ce dernier rapport, ou vous ne savez ce que vous dites et vous faites, ou vous méditez le plus criminel des attentats sur le droit de la divinité. Dans le premier cas, vous êtes comme des hommes errants dans les ténèbres sans entrevoir le moindre rayon de lumière; enfants du chaos, et pareils aux constructeurs de la tour de Babel. Dans le second cas, attentat criminel, et d'autant plus criminel qu'il est gratuitement criminel, et d'autant plus criminel qu'il est impossible et inexécutable en réalité; criminel par conséquent jusqu'à vouloir le crime jusqu'au delà des limites du possible. Car jamais, malgré votre fureur législative, votre frénésie d'empiétement, vous sera-t-il donné de pénétrer dans mon intérieur contre ma volonté? Attentat criminel! quel est votre but?

Vouloir atteindre la conscience, la pensée, la foi, l'intelligence, par une loi préventive; qu'est-ce. C'est vouloir ériger directement une loi contre la pensée, contre la foi, contre l'intelligence, contre le principe de toute loi ; c'est vouloir ériger une loi contre la liberté d'enseignement ; c'est vouloir ériger une loi contre le principe de l'individualité, de la personnalité humaine ; c'est vouloir plus que suicider son corps : c'est vouloir assassiner l'homme jusque dans son principe même. Donc, toute loi préventive sur la liberté d'enseignement est une loi criminelle.

Cette loi a donc pour but d'établir des punitions contre une loi, contre le principe de toute loi, de punir une loi d'être loi. C'est donc vouloir faire un crime à un être de son existence. Cela ne dépasse-t-il pas toutes les mesures de la férocité et de la barbarie ? On ne sait si une pareille déraison doit exciter davantage ou les huées de l'indignation ou les sarcasmes de la plus amère ironie.

Si vous voulez punir les actes de la pensée, de la conscience, de l'intelligence, attendez donc qu'ils soient produits à vos yeux, qu'ils soient saisissables, et ne cherchez point à punir un crime avant qu'il soit commis, et ne cherchez pas à punir ce qui n'est point punissable, et ne cherchez point à punir ce qui ne mérite que des récompenses ; et ne faites pas du dévouement, de la lumière si bienfaisante et si féconde de la science, de la foi, du soleil des intelligences, un attentat, un forfait.

Laissez donc de côté toutes vos lois improvisées. Pour punir, vous en avez à foison, votre code ne fourmille-t-il pas de lois répressives ? Vous en avez par milliards, vous en avez même des millions de trop et qui ne servent qu'à prouver la perversité sociale.

Oui, ô législateurs si déplorablement aveuglés, une

loi préventive sur la liberté d'enseignement considérée comme droit naturel, est à la fois une loi ridicule, absurde, impossible dans son essence ; une loi immorale et criminelle de lèze-majesté humaine et intellectuelle dans son but. C'est encore une loi criminelle de lèze-majesté divine.

Car, la liberté d'enseignement n'est pas seulement de droit naturel, mais de droit divin. Nous l'avons prouvé.

Plus de droit divin, malgré vos preuves, me répéterez-vous encore. Quoi ! l'auteur de tous les êtres, de tous les droits qui, à raison de son infinité, doit avoir les droits les plus grands, les plus nombreux, des droits infinis, n'aura plus de droit, parce que vous le dites. O imbécillité humaine ! donc droit divin, malgré vous, en dépit de vous. Or, celui qui voudrait soumettre à une loi civile, non seulement préventive, mais répressive, la pensée humaine, la conscience humaine, la foi humaine, l'entendement humain, celui qui oserait même le tenter, et en avoir même l'idée, tomberait sous le poids du ridicule, aux yeux de tous et à ses propres yeux. Ne serait-il pas regardé comme le plus criminel, ou le plus insensé et le plus stupide des hommes ? Et s'il voulait persister dans cette prétention, tout le monde ne s'élèverait-il point contre lui pour le frapper de réprobation et de châtiment ?

Et ce qu'il serait, aux yeux de tous, absurde, ridicule, criminel de faire, de tenter, de concevoir, par rapport à la pensée, à la conscience, à l'intelligence de l'homme, ne le sera-t-il pas au plus haut point, par rapport à la pensée, à la conscience de Dieu ? Vouloir soumettre la pensée, la conscience de Dieu à une loi civile, qu'est-ce ? C'est vouloir soumettre sa pensée à votre pensée, c'est-à-dire la pensée indépendante à la pensée dépendante; sa conscience à votre conscience, c'est-à-dire la lumière éternelle aux ténèbres du temps; la suprême raison à la suprême déraison d'un vermisseau, d'un insecte.

Vouloir soumettre la pensée, la conscience divine qui est une loi, non à une loi répressive, mais à une loi préventive, c'est ériger une loi civile contre la pensée, contre la conscience de Dieu, c'est ériger une loi contre la loi souveraine et absolue. C'est donc attenter d'une manière directe au renversement du gouvernement providentiel. Or, qui tuera, sera tué; qui voudra renverser, sera renversé. C'est une loi fatale; a-t-elle eu son exécution? *Memorare novissima.* Jetez les yeux sur les trois dernières dynasties.

Dieu pourra permettre des édits de proscriptions sanglantes contre ses élus; mais des édits de proscriptions dirigés contre sa pensée, contre sa conscience, contre sa Providence, jamais! Il anéantirait plutôt l'univers. Il ne faut pas être prophète, pour prédire qu'il ne souffrira jamais un tel désordre, et que jamais il ne laissera un tel scandale impuni dans ce monde. N'avez-vous pas vu vos devanciers former ou maintenir cet attentat? Que sont-ils devenus? Depuis dix-huit ans, n'avez-vous pas vu un gouvernement criminel, s'essouffler, s'épuiser, pour enfanter les projets les plus hostiles à la liberté d'enseignement? N'avez-vous pas vu quelle résistance implacable, visible et invisible? N'avez-vous pas vu une main cachée le frapper d'impuissance, et tenir la foudre prête? Ne l'avez-vous pas vu enfin vouloir à tout prix faire triompher son impuissance, par l'exécution de son attentat? Mais au même instant, n'avez-vous pas entendu sonner sa dernière heure. N'avez-vous pas vu l'éclair partir, et la machine infernale qu'il avait dressée, faire éclater contre lui son feu meurtrier et le faire voler en mille éclats?

Vous vous tiendrez pour avertis si vous le voulez; mais je vous annonce qu'à l'instant même, que vous voudrez renouveler le même attentat, vous serez fulminés, et vous verrez la République tomber en lambeaux et sous la dent des bêtes féroces, et l'épitaphe de tous sera : Je les ai vu s'exalter comme les cèdres du Liban, je n'ai fait que passer et ils ne sont plus!...

Loi sur la liberté d'enseignement, loi absurde, loi criminelle de lèze-majesté humaine, de lèze-majesté intellectuelle, de lèze-majesté divine. Donc aucun motif de retarder la liberté d'enseignement, ni l'expectative d'une loi, ni la prédilection du monopole, ni la crainte du clergé, ni la crainte de l'Université. Motifs, au contraire, des plus pressants, pour la proclamer au plus tôt. Car, sans liberté d'enseignement, point de liberté, point d'égalité, point de fraternité, et j'ajoute :

## Sans liberté d'enseignement, point de république réelle ni possible.

Pour n'être point né avec cette liberté, voyez à quel état est réduit le gouvernement : au berceau avec des langes de fer! Pour le *démaillotter* de ses étreintes, ne voyez-vous pas accourir des légions d'Esculapes de tout calibre, borgnes, aveugles, sourds, muets, paralytiques, démoniaques, tous forts de tous les topiques utopiques? Quelle merveilleuse opération! Contre la victime, tous, dans un effort commun, l'un pour lui tronçonner les mains, l'autre les jambes, l'autre la tête ; l'un pour lui arracher le cœur, l'autre pour lui perforer les entrailles avec son impitoyable bistouri. Continuez, ô admirables jardiniers, vous ne manquerez pas d'offrir aux regards de toute l'Europe un parterre digne d'envie ; l'arbre que vous allez y planter va devenir un *memorandum* inoubliable pour la postérité. Et tous les peuples voisins de se précipiter pour contempler l'arbre non pareil, ce cul-de-jatte le plus curieusement comique, et le plus comiquement curieux, le plus déplorablement misérable. Pauvre France ! comme te voilà horriblement mutilée, affreusement *squelettisée.* A en juger d'après ce prélude, la République existe bien, oui à l'état de fait ; mais à l'état de réalité, existe-t-elle dans le présent ? Qui le conteste et qui ose le contester ? La République elle-même.

Et comment le conteste-t-elle ? par son nom ; car comment se nomme-t-elle ? République ou gouvernement provisoire.

Chose nouvelle sous le soleil : chose inouïe dans les annales historiques ! Que va-t-il donc se passer d'étrange et d'extraordinaire ? Est-ce sans raison que la république se nomme ainsi ? Ce phénomène est-il un caprice du hasard ? Nullement. Tout baptême est au nom du Père, du Fils et du Saint-Esprit. Tout baptême au nom du Père, du Fils et du Saint-Esprit, est un baptême vrai. Dieu dans son intervention invisible, insensible, mais invincible, baptise et commande aux hommes de baptiser. Et en leur commandant de baptiser, il les force à baptiser d'un nom vrai. Jamais il ne trompe les hommes et jamais les hommes ne se trompent.

Dieu a commandé aux hommes de baptiser l'abus de la philosophie du nom de philosophisme, et ils l'ont baptisé ainsi. Et se sont-ils trompés? Dieu a commandé aux hommes de baptiser l'abus de la liberté du nom de libéralisme, et ils l'ont baptisé ainsi. Et se sont-ils trompés? Il a commandé de baptiser la République du nom de gouvernement provisoire. Et ils l'ont baptisée ainsi. Se sont-ils trompés ? non, en dépit de toutes les légendes d'un grand et sincère utopiste, à qui il ne manque que de soulever le voile de la Providence pour devenir un vrai voyant.

Non, Dieu ne s'est pas trompé et n'a pas trompé. Car le gouvernement est provisoire par le fait. Et il n'est provisoire par le fait que parce qu'il est provisoire en réalité, que parce qu'il manque de toutes les réalités propres à constituer les gouvernements; que parce qu'il n'est que le résumé de trois gouvernements provisoires. Il faut que les choses soient et précèdent, avant d'être nommées. C'est donc un gouvernement encore pour essayer, encore pour voir. Dieu dit : Je vais encore essayer, je vais encore voir une fois, je l'annonce expressément dans ce mot prophétique *provisoire*. Tu obéiras ou non à mon commandemant, qui t'a été épouvantablement notifié par les pierres et la voix des pavés. Si tu obéis, tu redeviendras gouvernement; sinon tu n'es que provisoire, sinon tu n'es que le prélude de l'absence de tout gouvernement, et je vais t'abandonner et te frapper comme je n'ai abandonné et frappé aucun peuple; parce qu'aucun n'a à mes ordres manifesté au grand jour, opposé jamais un aussi coupable mépris, une aussi opiniâtre résistance, une aussi sacrilége rébellion. Malheur à toi !

La République est donc provisoire dans la pensée de Dieu, provisoire dans la pensée des gouvernements; provisoire aux yeux de tous les hommes intelligents, qu'est-ce? Nous posons cette question en tremblant? Mais qu'est-ce? Sinon une chose transitoire faute de mieux, sinon l'attente d'un mieux. Donc, de l'aveu de tous, ce qui est n'est pas au mieux. De l'aveu de tous, ce qui est n'est-il pas au plus mal? Car que signifie cette impatience mortellement inquiète de l'attente? Que signifie cette prostration du crédit, de la confiance, du commerce, des affaires? Que signifie cette terreur universelle qui assombrit tous les esprits, ces alarmes saisissantes d'effroi qui palpitent dans tous les cœurs et qui planent sur toute l'Europe comme le présage des plus désastreuses et des plus lugubres tempêtes? Que signifient ces événements qui semblent vouloir se dérouler d'une manière si sinistre? Ce qui est au plus mal et la cause de tout le mal, c'est précisément ce provisoire? Et cependant ce qui est provisoire restera-t-il provisoire? Oui si, on a le malheur de ne pas détruire et de maintenir la cause qui, depuis un demi-siècle, fait de presque tous les gounements de l'Europe des gouvernements provisoires. Ce qui est provisoire restera provisoire, et le provisoire de la plus grande des catastrophes, si l'on ne se hâte de poser le fondement véritable de tout gouvernement réel et durable, si l'on ne se hâte de proclamer et d'établir la liberté d'enseignement pure et simple, sans restriction, ni prévention. L'opiniâtreté que nous mettons à faire triompher cette question, la liberté audacieuse avec laquelle nous disons la vérité à tous, et quelquefois avec une certaine violence, doit paraître étrange à bien des gens et à bien des politiques. Mais dans quelques instants les yeux seront dessillés. Mais quand la contagion est générale, quand elle exerce plus ou moins son influence sur tous, quand le malaise dans une société est universel, le mal ne vient-il de tous? donc la vérité et le remède à tous. Mais quand le malade est à l'extrémité il ne s'agit plus de ménagements, de détours, il lui faut des remèdes extrêmes, virulents, il faut aller directement à la plaie, il faut blesser, percer, tailler, couper.

En présence des périls immenses qui nous environnent, la vérité ne doit donc plus chercher à plaire, elle doit être sans allures timides et pusillanimes; elle doit être directe, hardie, décidée, comme un glaive à deux tranchants qui perce, qui blesse, jusqu'à la moëlle des os; elle doit être étincelante comme le soleil, afin de réveiller tout le monde en sursaut, pour que tous les efforts soient réunis contre l'ennemi commun. Sans la condition que nous venons d'indiquer, le gouvernement actuel restera provisoire. Il restera infailliblement provisoire, malgré les neuf cents. Ils auront beau proclamer que le gouvernement n'est plus provisoire. Leur proclamation ne sera qu'un vain son, elle ne changera rien. Leur parole aura-t-elle une vertu créatrice? leur sera-t-il donné de rendre réel ce qui ne l'est pas, de faire que ce qui est formé de certains éléments ne soit plus le même composé, tout en conservant les mêmes éléments. Impuissance! impuissance! impuissance radicale et absolue.

Non, tant qu'ils n'auront point proclamé la liberté d'enseignement, ou qu'on ne les aura point forcés à la proclamer, le gouvernement restera provisoire; et Dieu les clouera comme Sysiphe sur son rocher, pour donner leur impuissance en spectacle aux anges et aux hommes. Dieu va être inflexible; ils ne passeront pas outre sans cette condition. Et s'ils ne passent pas, ils resteront ensevelis dans la place même où ils sont immobilisés, malgré la plus violente agitation. Sans cette condition, la République est, et reste, et restera un gouvernement provisoire.

En effet, peut-elle être un gouvernement réel, quand elle manque de tous les éléments qui constituent et qui doivent constituer une république?

La République est-elle un gouvernement réel, et possède-t-elle les éléments qui le constituent, quand elle manque du principe même de toutes les libertés.

La République est-elle un gouvernement réel, quand elle n'a en vérité nulle liberté réelle, comme nous l'avons montré jusqu'à l'évidence, ni liberté de conscience, ni liberté de pensée, ni liberté de croyance, ni liberté de la presse, ni liberté individuelle, ni souveraineté du peuple?

La République peut-elle être un gouvernement réel, si elle persiste à vivre de fictions, de mensonges, d'hypocrisie, de mots, de phrases, de promesses, de vents, de l'abus destructif de toutes les libertés?

La République peut-elle être un gouvernement réel, tant qu'elle ne sera qu'un fait purement accompli, mais dépourvu de vérité et de réalité; tant qu'elle n'aura d'autres formes qu'un vain étalage d'expressions, d'autre réalité qu'un fantôme, d'autre vérité qu'une fiction; tant qu'elle appellera et repoussera à la fois la liberté; tant qu'elle restera mutilée, tronquée; tant qu'elle aura deux faces faisant semblant de porter sur l'une la vérité, et portant sur l'autre le mensonge?

La République peut-elle être un gouvernement réel, tant que, résistant à la force impérieuse, à la nécessité invincible de sa nature, elle n'aura point proclamé toutes les libertés vraies, entières, complètes, sans exception ni acception de personnes et de nom?

La République peut-elle être un gouvernement réel, tant qu'elle aura peur de la robe d'un jésuite, d'un universitaire; tant qu'elle fera preuve non de force, mais de la plus extrême faiblesse; tant qu'elle aura peur de son ombre et de ses propres fondements; tant qu'elle marquera ses pas par autant de progressions vers le néant; tant qu'elle fera comme les gouvernements sans équilibre qui, agités de crainte, chancellent, vacillent et tombent; tant qu'elle continuera par son *statu quo* à exciter non la confiance, mais la défiance, non la sécurité, mais le trouble et les alarmes?

La République peut-elle être un gouvernement réel, tant qu'elle maintiendra le principe destructif de toute égalité, le monopole qui scinde la société en deux catégories, l'une d'esclaves et l'autre de tyrans plus esclaves encore; tant qu'elle voudra dominer sur un agrégat de serfs?

La République peut-elle être un gouvernement réel, tant qu'elle maintiendra le principe destructif de toute fraternité; le monopole, ferment perpétuel de discorde, mur de séparation entre deux classes de citoyens, les partisans et les antipartisans de la liberté d'enseignement?

La République peut-elle être un gouvernement réel, tant qu'elle refusera de s'asseoir sur ses bases, la liberté, l'égalité, la fraternité, dont la première assise est la liberté d'enseignement? Non, point de république réelle sans ces conditions, point de république possible : y a-t-il une république possible sans liberté d'enseignement? Non. Car sans liberté d'enseignement, quelle liberté, quelle égalité, quelle fraternité possible? Et sans ces trois conditions, la République peut-elle être autre chose qu'une ruine?

Trouvez-moi d'autres éléments et contemplons-les un à un. Quels seront donc ces éléments? Sera-ce le travail, l'industrie, la confiance, le crédit, le commerce, la paix, la guerre, l'unité par l'enseignement du monopole? Je vois bien que la plupart de ces choses peuvent, selon l'occurrence, être autant de colonnes, mais non la base de l'édifice gouvernemental. Comment cette construction aux mille colonnes, comment cette masse énorme se soutiendra-t-elle, sans une base large, profonde, inébranlable?

La République est-elle possible, si on veut asseoir ses fondements sur l'industrie, sur l'organisation du travail, dans des ateliers nationaux et privés? Mais une base aussi frêle, aussi inconstante, est-elle capable de soutenir le poids d'un édifice aussi colossal? Ne voyez-vous pas que, par une telle tentative, vous écrasez le travail; que vous faites fuir tous ses éléments si volatils et si fluctuants?

La République est-elle possible, si on veut asseoir ses fondements sur la confiance, le crédit, le commerce, c'est-à-dire dans des boutiques, des banques, des comptoirs? Une base aussi mouvante, aussi fluide, est-elle capable de soutenir le poids d'un édifice aussi immense? Non. Vous n'avez qu'à manifester une telle prétention pour tuer le crédit, le commerce; pour faire tout craquer par le seul empire de l'épouvante.

La République est-elle possible, si on veut asseoir ses fondements sur la paix, sur le désarmement; quand on est cerné, assiégé d'ennemis innombrables à l'intérieur et à l'extérieur; quand un gouvernement n'a encore ni fermeté dans ses fondements, quand il n'a même pas encore de fondement posé? Y pensez-vous? Sur la paix, résultat de la force, de la peur! Sur la paix dont tous les éléments sont en guerre intestine, acharnée, par l'anarchie des idées et des opinions! sur une paix qui porte dans son sein le germe de mille guerres! Et cette vague, violemment, constamment agitée, serait capable de soutenir le poids d'un édifice aussi gigantesque!

La République est-elle possible, quand on veut asseoir ses fondements sur la guerre, sur l'armement, sur les baïonnettes, les affûts des canons et sur le sang? Une base aussi menaçante est-elle capable de soutenir le poids d'un édifice aussi immense! Et c'est par le massacre des peuples que vous prétendriez inoculer la vie à une grande nation, la faire vivre! vivre, oui, mais de sang, mais de malheurs, mais de désastres. Sa vie n'est ni dans la paix, ni dans la guerre. Et cependant sa vie est dans la paix et dans la guerre. Sa vie n'est point dans cette paix qu'on appelle somnolence, inaction, quand pour naître il lui faut plus que les travaux d'Hercule. Sa vie est dans la paix; car pour exécuter une immense construction, il faut la paix, la paix active et laborieusement laborieuse. Sa vie n'est point dans la guerre, car la guerre étrangère épuiserait les forces à peine suffisantes pour l'organiser vigoureusement à l'intérieur, et obligerait à laisser l'édifice sans fondement et sans murailles. Sa vie est dans la guerre, mais dans la guerre à tous les abus, à toutes les servitudes, à toutes les inégalités injustes et monstrueuses; guerre bien autrement terrible, bien autrement glorieuse que la guerre étrangère! Dans celle-ci, il faut un courage ordinaire; dans celle-là, il faut un courage héroïque. Dans celle-ci, il faut combattre les soldats au premier rang ; dans celle-là, il faut que les chefs soient toujours en tête et sur la brèche ; il faut qu'ils soient plus soldats que les soldats. Dans celle-ci, on n'a à combattre que des ennemis ; dans celle-là, il faut combattre ses ennemis, ses amis, et même souvent ses compagnons d'armes.

Jusqu'ici peut-on voir autre chose que des fondateurs d'un admirable concert pour placer les fondements de la République dans la matière, pour l'enfoncer dans la boue? jusqu'ici peut-on voir autre chose que d'infatigables fossoyeurs occupés à creuser un sépulcre? Car, si la base d'un gouvernement était dans la guerre avec le crédit, la confiance et la prospérité, quel gouvernement eût dû être plus viable que l'Empire? qui plus implacable guerrier que l'Empereur? quel administrateur aux vues plus larges?

Si elle était dans le commerce, la confiance, le crédit, la prospérité avec la paix, quel gouvernement eût dû être plus viable que la Restauration? Si elle était dans la paix, à jamais, partout et toujours, qui eût dû être plus viable que le gouvernement des barricades? Car, qui plus implacablement pacifique? Et cependant, malgré ces admirables et solides fondements, trois ruines!

Et c'est aux mêmes conditions que vous prétendriez faire vivre un gouvernement nouveau! Et c'est avec ces vieux matériaux tout calcinés, qui ont été la cause d'un si épouvantable écroulement, que vous prétendriez construire un édifice beaucoup plus difficile et plus colossal! sans compter en moins une foule de ressources; sans compter le génie belliqueux et administratif d'un Napoléon, que vous ne rencontrerez peut-être jamais plus; sans compter l'antiquité prestigieuse d'une vieille et noble race qui vous manquera toujours ; sans compter l'habileté incontestable et le raffinement de la ruse du dernier roi, laquelle vous fera probablement défaut.

Quel élément vous reste-t-il donc ? l'unité politique par l'enseignement du monopole. Parfaitement trouvé ! Même point de mire, même point de départ, que les trois gouvernements que nous venons de parler. En vérité, est-ce la peine de changer à si grands frais, de troquer à si lourdes pertes ?

Sur la même pierre fondamentale qu'ils ont bâtie vous voulez rebâtir ! Mais le souvenir de ce qui est advenu de leur opération, s'est-il enfui de votre mémoire ? Mais n'est-ce pas précisément parce qu'ils ont assis leur construction sur un tel fondement, que Dieu, du souffle de l'ouragan, l'a jeté dans la poussière ?

Et c'est après une leçon aussi frappante, après un exemple aussi terrible, que vous oseriez encore tenter une aussi folle entreprise ! Vouloir reposer l'édifice politique sur des débris dispersés, ne serait-ce pas être plus inintelligent que la pierre brute ? Ne serait-ce pas l'extravagance du plus insigne délire ? Si l'expérience est de nulle autorité, venons à l'examen de cette base ; analysons, disséquons pièce par pièce, fibre par fibre, faisons tout passer sous le tranchant de l'impitoyable scalpel. Par le monopole renforcé de l'enseignement, dites-vous, vous voulez constituer l'unité politique, l'unité nationale parfaite. Dans quel but cette unité, ce point concentrique, où viennent aboutir les ramifications d'une vaste circonférence ? Est-ce dans le but d'attirer au centre tout ce qui est à la circonférence et de le dévorer ; ou dans le but de faire descendre du centre à la circonférence tous les éléments du bien-être et de la liberté après les avoir fécondés? Est-ce dans le but de faciliter l'administration ou la servitude la plus honteuse ? C'est ce qui va apparaître au grand jour dans un instant.

Quels sont les éléments indispensables pour constituer cette unité nationale parfaite? Il faut, l'unité de pensée, l'unité de sentiments ou de volonté, l'unité de croyances, l'unité d'opinions; jusque là nous espérons être d'accord. Pour établir cette unité complexe, quel moyen?

Il faut que vous subjuguiez la pensée, les consciences, les opiniôns, les croyances, les volontés par la persuasion ou par la force jointe à la séduction; mais dans ce dernier cas, où est alors la liberté de la pensée, la liberté de la conscience, la liberté des opinions, la liberté des croyances, la liberté individuelle, la souveraineté du peuple? Et après avoir posé un tel principe, vous oseriez venir proclamer la liberté de pensée, d'opinion, de croyance, de l'individualité! Tout votre système se réduit donc en dernier analyse à ces deux mots : Liberté et non liberté, souveraineté du peuple et non souveraineté, c'est-à-dire liberté en parole, mais servitude en réalité.

Le principe générateur de votre système serait donc la plus flagrante contradiction. Et c'est avec ce composé d'éléments hétérogènes, contradictoires, anarchiques, qui tend à tout diviser et à dissoudre, que vous auriez la prétention d'arriver à l'unité politique! A Charenton y a-t-il une tête frappée d'un pareil délire? Y a-t-il une imagination plus extravagante?

Vouloir constituer l'unité avec un système pivotant sur les deux plus énormes contradictions! et c'est cependant le système préconisé, admiré d'une foule de profonds politiques!

Pour arriver à l'unité politique, deux moyens seuls et uniques : ou les moyens de persuasion, ou les moyens de force.

Quels sont les moyens de persuasion durable ? c'est la morale et la religion. Car, qui peut admettre que ce soit avec des mots, avec des langues mortes ou vivantes, avec des lignes, avec des chiffres, avec les propriétés des corps et des animaux, avec des arguments physiques ou erronés, qu'on puisse opérer une persuasion permanente ? Or, de ce premier moyen, les politiques décédés et la plupart des politiques actuels n'en veulent point. Ils ne veulent donc que des moyens de force jointe à la séduction.

Ainsi leur système, comme nous venons de l'énoncer, c'est de proclamer toutes les libertés, et d'établir en principe leur anéantissement. Cette proclamation n'est donc qu'un guet-apens de la plus horrible hypocrisie. Mais c'est en vain qu'ils veulent par ce masque hideux se soustraire eux-mêmes aux leurres qu'ils tendent. Ils en sont les premiers victimes. Car une fois un principe posé, n'importe de quelle nature, il marche d'un pas irrésistible, et il force les hommes à marcher devant lui ; il les chasse devant lui comme des automates. Point d'habileté, point de ruses qui tiennent. Les plus adroits, les plus fins sont les premiers foulés sous ses pas ; la résistance ne fait que rendre sa course plus rapide et plus désastreuse.

En effet, proclamer toutes les libertés et établir en principe l'anéantissement de toutes les libertés ; qu'est-ce ? C'est poser en principe gouvernemental le principe de l'anarchie. Or, d'un principe anarchique quelles conséquences ? Les conséquences inévitables de l'anarchie !

Qu'ont fait les trois gouvernements déchus ? Ils

ont proclamé toutes les libertés; et au moyen de l'asservissement de toutes les libertés, ils ont voulu établir l'unité politique. De ce principe anarchique, qu'est-il arrivé? L'anarchie dans les idées, l'anarchie dans les consciences, l'anarchie dans les opinions, l'anarchie dans les croyances, l'anarchie dans l'administration, l'anarchie dans le crédit, l'anarchie dans le commerce, l'anarchie entre les citoyens, l'anarchie dans l'industrie, l'anarchie dans le travail, dans l'ordre moral, dans l'ordre politique, dans l'ordre matériel, l'anarchie parmi les gouvernants qui ne se comprennent et ne s'entendent plus, qui ne voient plus où ils en sont, où ils vont, ce qu'ils sont, anarchie qui mine et dévore tout. De leurs propres mains ils ont suspendu au-dessus de leur tête le glaive qui devait les frapper. Ainsi de la part de trois monarchies qui ne sont plus, à ne considérer les choses que d'après l'intention et le but, il y a eu évidemment crime contre la société et crime de lèze-majesté sociale. Or, la société ainsi blessée au cœur ne pouvait manquer avec le temps de tirer une éclatante vengeance.

Dans l'intention et dans le but il y eut crime non seulement contre la société, mais contre la divinité. Car, vouloir asservir à l'unité politique, c'est-à-dire au domaine purement civil et temporel, la pensée, la conscience, les opinions qui composent le domaine intellectuel, les croyances qui composent le domaine spirituel; ce n'est rien moins que vouloir asservir au domaine politique, au domaine des ambitions ignobles, des cupidités honteuses, au gâchis des affaires de ce monde, le domaine même de Dieu; car, le domaine intellectuel et spirituel ne relève-t-il pas de lui? C'est donc vouloir asservir la divinité même;

c'est conspirer au renversement de tout ordre; c'est provoquer les plus graves perturbations; c'est se séquestrer soi-même du gouvernement providentiel; c'est vouloir rester suspendu, sans appui au-dessus d'un gouffre; c'est en un mot vouloir s'y enfoncer. Aussi le résultat a-t-il justifié la volonté. Ainsi, dans l'intention et dans le but des gouvernements qui ne sont plus : crime contre Dieu, crime contre la société !

Crime contre Dieu, en voulant usurper son domaine. Crime contre la société en voulant machiavéliquement usurper tous ses droits, détruire toutes ses libertés.

Aussi, à raison de leurs criminelles intentions, quel vertige! Pour arriver au but proposé, ils choisissent précisément le moyen le plus opposé, le plus propre pour s'en éloigner. Pour arriver à cette unité politique au moins relative, le moyen spécial, c'était l'enseignement libre, religieux et moral; l'enseignement de persuasion, le seul qui puisse avec empire, avec autorité, avec la sanction de la plus rigoureuse obligation, apprendre aux princes et aux sujets leurs obligations réciproques : aux princes, la bonté, la paternité, la justice, l'impartiale équité envers leurs sujets, et le dévouement au bien public; aux sujets, la soumission, l'obéissance, la fidélité et le dévouement envers la patrie; à tous par conséquent à conspirer au même but, au bien commun, qui est le centre de toute unité politique et nationale. Car, ce n'est que de l'accomplissement de ces grands devoirs, imposés sous la réserve du châtiment ou de la récompense éternelle, que peut sortir l'unité.

C'est là le moyen unique, exclusif. Et nous défions tous les sages, anciens et modernes, de pouvoir en assigner un autre. Eh bien! ce moyen unique, exclusif, c'est précisément celui-là qu'on a proscrit, qu'on a repoussé, rejeté, qu'on s'est évertué à briser et à anéantir. Et pourquoi? Par un sot orgueil! parce que les politiques ont voulu que le moyen commun qui les dominait fût en leur possession privée, exclusive et dans leur dépendance! parce qu'au lieu de vouloir dépendre de ces grands devoirs qui planent sur tout le genre humain, ils ont voulu en être indépendants! parce qu'ils se sont proposé comme fin de toute politique leur ambition et leur grandeur personnelle! parce qu'en un mot ils ont voulu se placer au-dessus de celui qui règne sur tous, qui est le centre et le principe de toute unité. Ainsi, par l'effet de leur sacrilége attentat ils ont directement repoussé, rejeté, blessé, anéanti l'unité qu'ils cherchaient.

Pour arriver à leur but, quel moyen ont-ils choisi? L'enseignement qui porte en lui-même le principe de toute unité? Non, mais l'enseignement qui porte en lui le germe de toute division. Pour composer l'unité politique, ils ont pris les mots de toutes les langues, les signes et les caractères de toutes les sciences, toutes les idées fausses, toutes les doctrines erronées d'une philosophie bâtarde.

L'enseignement des mots ou des langues! Et c'est avec l'enseignement de tels éléments, ô admirables unitaires! C'est avec soixante mille mots de langue grecque, autant de la langue latine, autant de la langue arabe et de l'hébraïque; c'est avec ces millions de mots diversifiés, un million de fois, de formes et de significations; c'est avec ces millions de formes inhumées, sans vie, sans liaison, que vous prétendez enfanter l'unité et à la vie de l'unité! Y pensez-vous? y avez-vous pensé? O stupide aveuglement! L'unité avec un milliard de mots, de langue française, allemande, anglaise, espagnole, italienne, chinoise, sanscrite, *indouse* et mille autres, diversifiées des milliards de fois, quant à la forme, à la signification! et c'est avec ces divisions à l'infini que vous prétendez arriver à l'unité! O stupidité des stupidités!

L'unité avec les éléments des sciences, l'unité avec les propriétés physiques et chimiques des corps! L'unité avec les propriétés des animaux, des plantes, des minéraux et des planètes! L'unité avec des chiffres, des signes, des formules algébriques innombrables et *innumérables?*

De l'unité avec quoi? avec les bizarreries, avec les crimes, les vertus sortis de tous les cerveaux humains, et enregistrés véridiquement ou faussement dans les pages historiques! De l'unité avec quoi? avec la multitude de systèmes philosophiques, qui hurlent les uns contre les autres, avec toutes les erreurs, toutes les hérésies destructives de tout culte, de toute religion, de tout lien, de toute unité!

De l'unité avec le judaïsme, le bouddhisme, le protestantisme et des milliers d'autres sectes? De l'unité avec le spinosisme, le rationalisme, le sensualisme, l'indifférentisme, le panthéisme, le communisme, l'athéisme, et les milliards d'erreurs de la raison!

Y pensez-vous? y avez-vous pensé? Je parcours tous vos éléments d'unité et je ne trouve pour résultat, pour somme totale qu'une décomposition, qu'une division à l'infini. C'est donc dans l'infinie division, dans l'infinie décomposition que vous cherchez l'unité! Mathématiquement, géométriquement, algébriquement, que pouvez-vous trouver? la division à l'infini, l'anarchie en tout et partout avec tous les genres de corruption. Or vous avez admirablement atteint le résultat proposé.

C'est cependant avec tous ces ingrédients antipathiques, sans affinité, sans cohésion, que le grand Napoléon et que ses nobles imitateurs et admirateurs ont voulu composer l'unité politique et nationale! Napoléon qui est vanté comme un génie inimitable, incomparable dans le passé, le présent et l'avenir, pour avoir trouvé la plus absurde des absurdités! O grands panégyristes, que vous êtes sublimes de sens! Oui, Napoléon et ses imitateurs et ses admirateurs ont été incomparables à semer en tout et partout la division, l'anarchie et la décomposition la plus destructive. Oui, ils ont été admirables à suicider leurs monarchies, en brisant tous les liens sociaux! Et c'est avec ces mêmes moyens, avec ces instruments de division et de mort, que les unitaires, que les profonds politiques du jour, prétendent maintenir ou établir l'unité nationale. Unité qui n'a jamais existé, unité *inexistable*, si on considère le résultat et la nature des moyens. On dirait même, sans qu'ils le sachent, que ces profonds politiques ont l'instinct inné de cette impossibilité; car, pour la faire disparaître, ils s'accrochent à toutes les impossibilités. Ils ne se contentent pas d'accaparer, au mépris des droits sacrés de la famille, l'enfant du hameau et de la cité; ils veulent aller le saisir jusque dans son berceau, jusque dans le ventre de sa mère, et même jusque dans son embryon. Voilà ce qu'ont prétendu les unitaires, voilà ce qu'ils ont tenté, voilà ce qu'ils ont fait en partie. Eh bien, est-on arrivé à l'unité nationale? Oui, à l'unité d'anarchie sans exemple, de l'anarchie la plus effrayante pour la France et pour l'Europe! à la confusion de la tour de Babel! Voilà où nous en sommes aujourd'hui. Mais ce n'est pas tout. Pour combler l'abîme des absurdités, les unitaires, au pire des moyens, ont encore ajouté la servitude. Il ne fallait plus que cela pour canoniser la plus monstrueuse des monstruosités, dont le monde ait jamais été témoin.

Quoi! lorsque Dieu avec le plus puissant des moyens de persuasion n'a jamais pu arriver à l'unité complète des volontés; je ne dirai pas dans le genre humain, dans une seule nation, dans une seule tribu, dans une seule famille, mais même dans un seul individu; vous, vous prétendez arriver chez tout un peuple à ce miracle presque au-dessus de la puissance du Tout-Puissant, et avec le plus détestable des moyens! vous, qui ne pouvez pas même établir cette unité entre vous et un ami, et pas même en vous-mêmes! O orgueilleuse et abominable prétention, comme Dieu va te confondre! Viser chez une nation entière à l'unité de pensées, de sentiments, de volontés, de croyances, d'opinions, avec la tyrannie! quand il n'y a rien de plus propre pour aliéner, révolter toute pensée, toute opinion, tout sentiment, toute croyance! quand il n'y a rien de plus propre à allumer dans les esprits, l'indignation, la fureur, la vengeance et le désespoir! quand il n'y a rien de plus propre à insurger les peuples contre les rois, à bouleverser les États! quand il n'y a rien de plus propre à ravager le domaine de la conscience, de la pensée, de la foi! quand il n'y a rien de plus propre à favoriser le crime, le vice, les malheurs et les désastres! quand il n'y a rien de plus propre pour empiéter sur les droits sacrés de Dieu, pour provoquer sa colère et ses malédictions! Eussiez-vous le plus beau système de morale, la religion la plus sublime! secondés par la tyrannie, vous seriez sûrs de n'arriver jamais à rien, ou plutôt vous seriez sûrs d'arriver aux résultats les plus funestes. Qu'est-ce donc, quand d'une main tyrannique vous faites manœuvrer le plus détestable des moyens ? à quels résultats devez-vous arriver ? à quels résultats êtes-vous arrivés ? vous n'osez sonder, presque sans mourir de frayeur, l'abîme que vous avez creusé sous l'édifice social.

Impossible, de toute impossibilité, aux gouvernements de pouvoir durer sous l'empire de telles circonstances, il faut qu'ils soient étouffés. Bien simple qui croirait que les gouvernements périssent par hasard, par le caprice de l'entente cordiale ou *discordiale* de quelques libéraux, de quelques réformistes sans idée de réforme ; de quelques républicains ignorés, ignorant les premières notions du républicanisme.

Ces petites oppositions, loin de faire mourir les gouvernements forts, les font vivre, en les fortifiant, en les purifiant. Napoléon est-il tombé sous le poids de quelques trahisons ? Nullement. Dieu, pour montrer la nullité des fondements de son édifice, le promena dans toutes les régions de l'Europe sur les ailes de la victoire, pour le précipiter tout-à-coup du faîte de la gloire, le clouer sur un rocher, et montrer le néant de sa puissance.

La Restauration est-elle tombée à cause de la violation prétendue de la Charte ? Pour une peccadille semblable, Dieu aurait permis le bouleversement d'une antique monarchie ! Nullement. La Restauration aurait observé mille chartes qu'elle serait tombée. Est-ce le vain épouvantail des banquets qui a fait évanouir l'usurpation ? Nullement. Elle aurait transformé la France en banquets, elle aurait opéré réformes politiques sur réformes politiques qu'elle serait tombée. Toutes ces circonstances ne furent que des portes pour éconduire ces monarchies. La vraie cause de leur chute, c'est le monopole, la servitude de l'enseignement. Pourquoi?

Parce que, par la servitude de l'enseignement, elles ont faussé, *affautri*, abruti, corrompu les générations naissantes, elles ont éteint en elles tous les germes de vitalité. Et en éteignant en elles tout germe de vitalité, elles ont fini à leur tour par manquer de vitalité. Manquant de vitalité elles sont devenues comme de vieux palais chancelants sur des bases mouvantes et ruinées. Elles ont chancelé et croulé parce qu'elles n'ont point voulu s'asseoir sur l'ordre moral et religieux, à l'exemple des gouvernements doués de la vraie sagesse. Elles n'ont point voulu de la solidité de cette assise, parce qu'au lieu de se soumettre à l'ordre moral et religieux, elles ont prétendu, au contraire, le soumettre aux ambitieux instincts de leur politique. En mettant l'ordre politique à la place de l'ordre moral et religieux qu'ont fait ces trois monarchies? Elles ont pris le couronnement de l'édifice pour la base, et la base pour le couronnement; elles ont agi comme des maçons enivrés qui prennent leurs truelles et leurs marteaux pour matériaux de bâtisses, et les matériaux de bâtisses pour truelles, niveaux et marteaux. En prenant la base de l'édifice pour couronnement et pour outil, et le couronnement et les outils pour fondement, qu'ont-elles bâti? Rien. Qu'ont-elles bâti? Des ruines. A quoi pouvaient-elles arriver en déracinant les fondements de tout ordre moral et religieux? à déraciner leurs propres fondements, à se faire écraser sous un monceau de débris. Quels sont ces débris épars et amoncelés ? Les hommes antireligieux.

Car, un gouvernement, en tarissant la source des sentiments religieux, devient forcément lui-même antireligieux avec ses gouvernants. Or, un gouvernement antireligieux se sépare évidemment de l'ordre providentiel. Séparé de l'ordre providentiel il manque, non seulement de l'appui nécessaire à la conservation de tout être, mais de tous principes directeurs. Manquant de principes directeurs, il est comme une planète jetée hors de son orbite, et en dehors de l'harmonie sidérale, emportée par une rapidité incalculable. Tous ses rouages s'usent et se fracturent. Il perd toute force, toute prépondérance, toute autorité. Affaibli, dérouté, impuissant, il n'a plus pour puissance et pour direction que les gouvernants antireligieux qu'il s'est créés. Or, de tels hommes sont-ils capables de le sauver du naufrage ? Quelles sont leurs vues, leurs forces, leur intelligence de la liberté ? Les hommes antireligieux sont, en vertu de leurs dispositions, forcément antilibéraux. Et pourquoi ? parce qu'ils n'ont plus la lumière du soleil, mais de la terre. Et quelles lumières peuvent donner les corps opaques ? Or, avec cette lumière d'en bas, comment distinguer les objets à longue vue? Comment plonger le regard dans l'horizon immense et lointain des questions morales ? Comment, à moins d'avoir mesuré les hauteurs des questions morales, comment pouvoir comprendre la question si complexe, si profonde, si ardue de la liberté ? Et si l'on ne comprend point cette question, que verra-t-on ? On verra la liberté où est l'esclavage, et l'esclavage où est la liberté. On verra le mal où est le bien, et le bien où est le mal. On verra la probité publique, politique et privée où est l'immoralité publique, poitique et privée. On prendra l'abus pour la réforme et la réforme pour l'abus ; on verra le salut où est la perdition, et la perdition où est le salut. Et voilà ce qu'ont vu, dans leur aveuglement déplorable, inouï, inexplicable, les trois gouvernements déchus avec leurs gouvernants. Aussi contemplez leur triste chute, considérez ceux qui se remettent à l'œuvre! N'est-ce pas le même aveuglement? Ne sont-ce pas les mêmes procédés? N'est-ce pas mille fois pire? Que pouvons-nous augurer de la constitution qu'ils élaborent? Quelles améliorations, quels progrès pouvons-nous attendre? Le gouvernement nouveau est-il lui-même un progrès? N'est-il pas en progrès vers une dissolution complète? Peut-il en être autrement? Est-il autre chose que le résumé de trois gouvernements anarchiques et décomposés? Est-il seulement la personnification d'une simple anarchie gouvernementale? Non, mais d'une triple anarchie effroyante; non, mais de tous les genres d'anarchies. Qui ne s'en aperçoit pas est dans un aveuglement qui dépasse tout aveuglement.

Donc si vous restez dans les conditions des trois gouvernements précédents, si vous voulez reconstruire avec les mêmes éléments un gouvernement nouveau et sans base aucune, vous consommez à l'instant sa ruine. Et la ruine de la République est inévitable, si elle n'a affaire qu'à une majorité de républicains antireligieux, qui n'ont de républicanisme qu'une ambition stupide, d'orgueil et d'incapacité. C'est en vain qu'ils veulent faire sonner en gros bourdon ces mots : Liberté, Egalité, Fraternité. Vautours qui n'ont d'intelligence que pour dévorer! Si la République, au milieu des imminents périls où elle est submergée, n'est éclairée, guidée par des hommes religieux, si le clergé reste inactif, ou si on ne l'appelle à son secours, la République avant un an se sera déchirée de ses propres mains.

Car, sans la lumière rayonnante du ciel, point de clairvoyance de la liberté véritable, et sans liberté vraie point de vie, ni de durée pour la République. Avec des éléments aussi bouillonnants, aussi actifs, aussi impétueux, aussi volcaniques, que ceux d'un état républicain, il faut un régulateur d'une force incalculable. Et ce régulateur, c'est la vraie liberté. Pour un État républicain, point d'autre élément de vie. Il n'y a pas de place pour lui, entre la tyrannie et la liberté.

Qu'on n'allègue point quatre-vingt-douze, il a vécu, mais pour mourir aussitôt. Il a, malgré ses orgies sanglantes, malgré ses bacchanales inhumaines, vécu, pour opérer les plus larges et les plus urgentes réformes. Mais la réforme opérée lui légua un linceul.

La République actuelle a aussi sa tâche providentielle, tâche difficile et immense, car elle n'est née que pour cela; et si elle manque à sa mission, et aux conditions de son origine, tout lui manquera. Tout lui manquera comme aux trois monarchies englouties, pour avoir manqué à leurs plus grands devoirs. Si, à leur exemple, elle rompt la chaine qui tient les royaumes et les empires suspendus au-dessus de l'abîme; si, à leur exemple, elle veut se soustraire à l'ordre providentiel, à cette puissance invisible et invincible qui précipite la dissolution des États; si, à leur exemple, elle veut résister à son passage irrésistible et torrentiel, qui brise, qui broie, qui pulvérise tout obstacle; si a leur exemple, elle ne proclame toutes libertés, que pour enchaîner avec plus d'art le principe de toute liberté, que pour amener la nation à travailler à son propre esclavage, à fabriquer des chaînes pour se garrotter; que pour se créer des millions de dupes toujours disposés à seconder avec fureur les plus criminels projets; si, à leur exemple, elle ne cherche à arriver à l'unité nationale que par le monopole et l'enseignement servile; si, à leur exemple, elle refuse d'asseoir ses fondements sur la liberté d'enseignement, qui est la base de toute religion, de toute morale, *Fides ex auditu :* elle verra de nouveau la liberté violemment comprimée, rebondir avec fureur, et dans la violence de son rebondissement, la jeter au loin comme les tyrans. En vain toutes les constitutions, tout ce qui n'a pas sa racine, dit de Maistre, dans la religion ou les choses dont Dieu n'est pas l'auteur, sont sans durée. Ainsi une institution, un royaume, un empire ne sont durables qu'en raison du principe religieux sur lequel ils reposent. Ainsi les nations les plus fameuses de l'antiquité, les peuples les plus grands et les plus sages surtout, tels que les Egyptiens, les Etrusques, les Lacédémoniens, les Romains, avaient précisément les constitutions les plus religieuses, et la durée de ces peuples a été mathématiquement proportionnée au degré d'influence que le principe religieux avait acquis dans la constitution politique. Les nations, dit Xénophon (M. Em. de Socrate), les plus adonnées au culte divin ont été les plus durables et les plus sages, comme les siècles les plus religieux ont été toujours les plus distingués par le génie. Ainsi les lois, les constitutions improvisées et écrites sur le papier sans principe antérieur et divin, sont nulles et sans durée, tandis que la superstition, l'erreur même qui sont mêlées à quelque chose de divin ont une durée quelquefois incroyable; tant est vital et infini tout ce qui est divin!

Tout ceci s'applique aux nations catholiques. Tant qu'elles sont restées telles, elles sont demeurées in-

tactes et comme immortelles. Depuis qu'elles s'éloignent du principe catholique elles retombent vers la mort, leurs constitutions antireligieuses ne font que naître et mourir. Aussi la France depuis 92 a vu plus de douze constitutions. Celle qu'on élabore aujourd'hui, aura encore moins de durée si elle n'a pour principe la liberté d'enseignement qui est la base de toute religion. « Que penser, continue le comte de
» Maistre, d'une génération qui a tout mis en l'air,
» jusqu'aux bases mêmes de l'édifice social? Il était
» impossible de se tromper d'une manière plus gros-
» sière. Car tout système d'éducation qui ne repose
» pas sur la religion tombera en un clin d'œil, et
» versera des poisons mortels dans l'Etat, la religion
» étant, comme dit Bacon, un *aromate* qui empêche
» la science de se corrompre. L'édifice de l'instruc-
» tion publique posée sur cette base avait duré jus-
» qu'à 1790. Ceux qui l'ont renversé s'en repentiront
» longtemps inutilement. Pour brûler une ville il ne
» faut qu'un enfant ou un insensé ; mais pour la re-
» bâtir, il faut des architectes, des matériaux, des
» ouvriers, des millions et surtout du temps. L'in-
» fluence des Universités modernes sur les mœurs et
» l'esprit national dans toute l'Europe est parfaitement
» connue. Sous le coup de l'anathème général, il
» faut qu'elles succombent. Si l'on n'en vient aux an-
» ciennes maximes, si l'éducation n'est pas rendue
» aux prêtres, les maux qui nous attendent sont in-
» calculables, nous serons abrutis par la science et
» c'est le dernier degré de l'abrutissement. Et en effet,
» la science antireligieuse est-elle autre chose que la
» science de la corruption, de la justice et du crime. »

Sans liberté d'enseignement, point de gouvernement durable, ni possible. Ils sont, sans cette condition, aussi impossibles que la solidité des corps, sans cohésion ; aussi impossibles que la suspension des corps lumineux dans l'espace, sans les lois de la gravitation. Car, nous l'avons montré jusqu'à l'évidence, sans liberté d'enseignement, point de liberté réelle, point d'égalité, point de fraternité. Or, sans ces trois conditions, point de République. Donc, sans liberté d'enseignement, sous l'édifice de la République s'ouvre un précipice large et béant, où elle va s'abîmer après la plus lugubre agonie.

## Sans liberté d'enseignement, point de salut pour l'Université.

Car, comme nous l'avons prouvé, l'Université n'a d'autre base que la fluctuation de mille systèmes ; d'autre ordre, que la confusion de toutes les idées ; d'autre culte, que le chaos de tous les cultes ; d'autre unité, que tous les éléments d'anarchie et de division ; d'autre force scientifique, que l'abaissement continuel du niveau des études ; d'autre force morale, que la réunion compacte de toutes les hérésies et de toutes les erreurs. Et par l'effet du monopole elle devient la cause inévitable de l'extinction de toutes les libertés, cause de l'anarchie, cause du communisme, cause de la perturbation actuelle dans l'ordre moral et matériel, cause de tous nos désastres, cause de la ruine de tous les gouvernements. Elle n'est plus à l'intérieur qu'un squelette, qu'un cadavre vermoulu et purulent, à la disposition des vers. Tous les efforts pour la sauver sont impuissants, ce sont des plâtres par lesquels on veut maintenir des particules de poussière. Ses aumôniers ne la sauveront pas. Car, ils sont la cause involontaire, mais la plus active de sa perte. Ses aumôniers sont devenus, par le concours des circonstances, la pierre angulaire de la réprobation de la jeunesse. Or, la réprobation de la jeunesse est la réprobation même de l'Université.

La gratuité de l'enseignement ne la sauvera pas. C'est un expédient mal calculé pour éliminer la liberté d'enseignement, pour reculer la ruine de l'Université. C'est précisément l'expédient le plus propre à la précipiter. La gratuité de l'enseignement élémentaire soit; c'est bien et c'est mal, cela dépend.

C'est bien s'il est libre, c'est bien s'il est laissé à des hommes religieux. C'est le pire des maux s'il n'est pas libre pour tous les cultes, s'il est confié à des hommes indifférents ou irréligieux.

La gratuité de l'enseignement secondaire, à moins qu'il ne soit libre, à moins qu'il ne soit religieux, à moins qu'on n'établisse des conditions d'admission les plus sévères, à moins que le talent et le génie ne passent seuls la porte des écoles, c'est le pire de tous les maux; c'est la plus grande des utopies qui ait jamais paru au grand jour; c'est la désorganisation de toutes les professions; c'est l'encombrement *innumérable* des demi et des faux savants, des fats, des pédants, des oisifs, des ambitieux, des affamés, des turbulents, des factieux, des conspirateurs, des révolutionnaires, des anarchistes, des bandits, des coupables, des artisans de tous les forfaits. Il faut se hâter de multiplier les tribunaux, d'élargir les prisons, de décupler les bagnes.

La gratuité de l'enseignement ainsi considérée, ce n'est rien moins que la désorganisation sociale, la désorganisation scientifique et littéraire.

Car si tout le monde peut obtenir l'instruction secondaire gratuite, où trouverez-vous des cordonniers pour vous chausser, des tailleurs pour vous habiller, des boulangers et des cultivateurs pour vous nourrir, des maçons pour vous loger, et les ouvriers de mille sortes indispensables aux mille besoins de la vie? Une telle gratuité n'est donc qu'une cause accélératrice de ruine, et pour la société et pour l'Université. Donc, c'est en vain qu'on veut éliminer la liberté d'enseignement, il faut qu'elle se produise; ou ruine inévitable pour l'Université.

Les utopistes ont beau faire, ils sont impuissants; ou plutôt ils sont tout puissants, mais pour détruire.

## Sans liberté d'enseignement, point de salut pour le clergé.

Car, comme nous l'avons dit, sans cette liberté, son enseignement est, et doit être presque stérile. La religion devient antipathique avec les hautes classes de la société; l'impiété déborde de toute part; or, dans une société qui devient de plus en plus impie, le clergé devient de plus en plus impossible.

D'ailleurs, comme nous l'avons fait remarquer, malgré les intentions les plus saintes, le clergé, par sa coopération indirecte à l'iniquité du monopole, est aussi la cause, non positivement volontaire, mais indirecte de l'impiété dominante. Et si jamais la France est ruinée, l'impartiale postérité dira que le clergé, par entraînement et ses atermoiements, a été la cause, et la cause aussi positive de la ruine de France que l'impiété du monopole.

Donc, le clergé, dans l'intérêt de son salut et du salut de tous, si on ne veut point proclamer la liberté d'enseignement, doit la proclamer lui-même, non par des mots, mais par des faits significatifs :

Se réunir en concile et s'entendre 1° pour établir partout des écoles libres, une Université libre; 2° pour rétablir les officialités ; 3° pour décider que les autorités ecclésiastiques principales, à l'instar des autorités civiles, seront élues par leurs pairs; 4° pour s'entendre avec le gouvernement, à l'effet de renoncer aux traitements civils, à condition de donations, de legs sans opposition de la loi civile, jusqu'à concurrence d'une rente de... pour les évêques ; de... pour les chanoines et les curés de première classe ; de... pour les curés de seconde classe ; de... pour les desservants ; de... pour les vicaires ; avec cette clause restrictive de la loi civile, 1° que les traitements seront éteints lorsque la rente sera au niveau établi ; qu'ils s'éteindront au fur à mesure du progrès de la rente ; 2° que la rente ne pourra jamais dépasser un taux de... 3° que les legs, dépassés ce taux, deviendront impossibles et devront dans l'ordre suivant et invariable, retourner : 1° aux fabriques ; 2° aux séminaires, une fois les fabriques suffisamment dotées ; 3° à l'entretien des édifices religieux et publics, une fois les séminaires suffisamment dotés ; 4° aux hospices et aux établissements publics de bienfaisance.

Il importe que le clergé puisse vivre d'après cette maxime : *Non alligabis os bovi trituranti;* qu'il puisse vivre honorablement, *qui altari deserviunt cum altari participant;* il est encore plus important qu'il ne nage point dans l'abondance ; *qui divites volunt fieri incidunt in laqueum diaboli.* Ainsi le gouvernement doit ici intervenir pour procurer au clergé le nécessaire convenable et empêcher qu'on ne dépasse le taux de la dotation.

Les conditions précitées sont les moyens peut-être les plus efficaces pour ramener le clergé et toutes choses à l'état normal.

Qu'on n'allègue point les difficultés, car plus les difficultés sont grandes, plus il importe essentiellement de les résoudre. Il va de la perte de tous et des plus extrêmes périls à les laisser indécises.

Qu'on n'allègue pas le danger ; car c'est lorsque le danger est le plus grand, qu'il importe le plus de le prévenir, de le braver, de le dominer, de le vaincre ; sans quoi il viendra nous trouver lui-même dans les bras de l'inaction, de l'incertitude, de la somnolence, et nous immolera impitoyablement et sans miséricorde, comme des soldats ensevelis dans le repos léthargique d'un camp sans défense.

Ainsi les raisons alléguées deviennent des raisons militant avec la plus haute énergie contre tous les vains prétextes. C'est à Dieu à nous sauver, dit-on. Oui, Dieu nous sauvera, mais d'une manière miséricordieuse et douce si nous secondons sa volonté. Mais si nous résistons à sa volonté, si nous restons inactifs, Dieu sauvera, mais en broyant tous les éléments d'inertie et de résistance.

## Sans liberté d'enseignement, point de salut pour la République.

Inutile de revenir sur les preuves abondantes que nous avons données. Donc, de la part du gouvernement, proclamation de la liberté absolue d'enseignement, sans d'autres lois, que les lois répressives existantes contre toutes espèces de délits ; point de lois préventives ! Grades purement honorifiques et recommandatifs, conférés par toutes les facultés et les établissements de plein exercice. Car rien de plus mortel aux lettres et aux sciences que les grades obligés ; concours des gradués et des non gradués, avec examen pour tous les emplois, avec cette liberté qui laisse à chacun la faculté de faire élever ses enfants dans son culte. De là extinction de tous les germes de discorde, de division; paix et progrès à une vaste unité nationale!

Si à cela on joint le suffrage universel, avec des châtiments contre les cabaleurs, les intimidateurs avec l'obligation de la part de l'autorité, d'inscrire et de publier sur la même liste le nom de tous les candidats qui se présentent dans chaque département; avec l'élection dans chaque commune, avec le dépouillement comparatif des suffrages dans chaque canton, puis le dépouillement comparatif des cantons dans le chef-lieu du département : si à cela on joint le droit de réunion des corporations permanentes, moyennant des statuts, des règlements approuvés par l'autorité civile, s'il s'agit d'un but civil; par l'autorité spirituelle, s'il s'agit d'un but religieux; avec la prohibition des clubs qui sont un sujet de terreurs et d'alarmes pour les citoyens, de dangers imminents, incessants contre le gouvernement : si à cela on ajoute une constitution vraiment religieuse, vraiment libérale consacrant avec une équité impartiale les droits de tous et de chacun; alors la France un instant abattue se relèvera, prendra un nouvel et glorieux essort; alors on verra renaître en tout et partout la paix, l'ordre, la sécurité, la confiance, le crédit, la prospérité, le progrès en physique comme en moral.

Avec la liberté d'enseignement, salut pour la Franec, salut pour l'Université, salut pour le clergé, salut pour la République. Avec la liberté d'enseignement : la vraie liberté de pensée, la vraie liberté de conscience, la vraie liberté des croyances, la vraie liberté de la presse, la vraie liberté individuelle, la vraie souveraineté du peuple. Avec la liberté : l'égalité, la fraternité. Avec la fraternité : le salut, le bonheur de la France et de l'Europe.

## Coup d'œil rapide sur la nouvelle Constitution.

Au moment où nous recevons la dernière épreuve de cet opuscule, apparaît la Constitution. Notre intention n'est pas de la discuter, mais d'envisager deux articles qui ont trait à cet ouvrage. D'abord dans quel dessein le maintien par l'Etat des traitements en faveur du clergé, au lieu de leur suppression sous condition? Est-ce dans le but de favoriser ou d'abaisser de plus en plus la religion? Est-ce dans le but d'affranchir le clergé ou de le tenir en tutelle, en servage, afin d'en faire un instrument docile de la politique? Si on doit supposer du sens et de la réflexion dans le législateur, ne doit-on pas lui supposer une intention formelle? Si on la lui doit supposer, la partie intéressée n'a-t-elle pas le droit de s'en enquérir? Eh bien! quelle est cette intention? d'affranchir le clergé de la misère; car si on ne le payait pas, il mourrait de faim. L'objection est-elle fondée? Si elle est fondée, alors sa mort n'est que reculée, alors il est exposé à une double mort.

Et pourquoi le clergé périrait-il de faim? — Parce que la foi des populations s'est éteinte par l'effet d'un profond égoïsme. — Pourquoi s'est-elle éteinte dans cet égoïsme? — Parce que le clergé a perdu toute influence. — Et pourquoi a-t-il perdu toute influence? — Parce que les peuples sont devenus antipathiques au clergé. — Et pourquoi antipathiques? N'est-ce pas parce qu'on considère le clergé comme des fonctionnaires salariés, comme des espèces de mercenaires? Car pour quel autre motif cette antipathie? Donc les traitements de par l'Etat sont la mort morale du clergé aux yeux des populations. Mais la mort physique ne suivra-t-elle pas de près? Car si l'on admet cette antipathie en conservant les choses dans le même état, que va-t-il arriver? Dans un temps donné, cette antipathie ne parviendra-t-elle pas au dernier degré? Le clergé ne deviendra-t-il pas impossible? Les populations n'en voudront plus. Et si les populations n'en veulent plus, que fera un gouvernement maîtrisé, dominé par ces mêmes populations? Les populations n'usant plus généralement de son ministère, et lui-même n'en usant jamais, que fera-t-il du clergé? Le paiera-t-il encore? Donc, si l'objection alléguée a un fondement, le clergé, dans toutes les hypothèses, est destiné à mourir de misère, à mourir de mort morale, à être jeté dehors et foulé aux pieds. Donc sa mort n'est que reculée pour être doublement mortelle. Donc l'intention du législateur, tout en paraissant servir les intérêts du clergé dans ses principes, est homicide et doublement homicide dans son effet. Donc le clergé n'aura eu l'avantage que d'avoir vécu en esclave pour périr de la manière la plus ignominieuse. Donc dans cette première hypothèse du législateur rien de plus funeste au clergé que le salaire de l'Etat. Le clergé, façonné par l'habitude, comprendra-t-il enfin ses intérêts les plus chers? Faudra-t-il que la plus déplorable expérience lui parle de la manière la plus cruelle. Nous sommes loin d'admettre que le clergé mourrait de faim sans le salaire de l'Etat, mais la chose n'arrivera-t-elle pas s'il continue à recevoir le salaire de l'Etat? Voilà ce qui est plus qu'à craindre. Aussi en supposant au législateur la plus louable intention, rien de plus funeste dans son résultat.

Maintenant, si pour seconder ce résultat, le législateur a l'intention bien arrêtée de tenir le clergé dans un vasselage honteux, qu'arriverait-il? Et ne doit-on pas s'en défier quand tel a été le système bien positif de tous les gouvernements précédents ; quand la plupart des rédacteurs de la Constitution ont été partisans avoués de ce système. Pour croire à une conversion subite, ne faudrait-il pas avoir la foi du charbonnier? Mais qu'arrivera-t-il au gouvernement lui-même de toutes ces ruses voilées par une apparence de bonne volonté? Il arrivera qu'en abaissant continuellement le clergé, il s'abaissera, il s'affaiblira continuellement lui-même. Il arrivera qu'en ruinant le clergé, il se donnera à lui-même le coup de la mort. Car en tyrannisant le clergé, il sera tyrannisé lui-même. En ôtant au clergé sa liberté propre, il perdra la sienne propre. Tout gouvernement et surtout un gouvernement républicain qui porte dans son sein la tyrannie et la servitude, n'y porte-t-il pas le germe de sa mort et de sa propre ruine ? L'expérience n'est-elle pas irréfragable sur ce point?

Ne sommes-nous pas d'ailleurs autorisé à présumer de cette dernière intention de la part des rédacteurs de la Constitution, quand nous voyons cet autre article : la liberté d'enseignement sous la surveillance de l'Etat. N'y a-t-il pas ici évidemment progrès? oui, mais vers la servitude. Le gouvernement de Juillet nous promettait, lui aussi, la liberté d'enseignement : mais il nous la promettait du moins purement, simplement, sans la restriction de cette haute surveillance. La liberté surveillée par l'Etat! Avez-vous jamais imaginé une alliance plus admirable? Quel pronostic! Est-ce un nouveau défi jeté à la face de la Providence après des leçons aussi frappantes? Est-ce l'effet d'un profond aveuglement ou d'une haine tellement invétérée contre le catholicisme, qu'on ne s'en rend plus compte? Veut-on mettre à bout la colère de Dieu, et le forcer à faire pleuvoir immédiatement sur nous les plus horribles fléaux? Quelle raison peut-il avoir de ménager des hommes qui se montrent ostensiblement sourds à tous les enseignements, rebelles à toute lumière.

Que signifie cette surveillance? voulez-vous dire que les hommes chargés de l'enseignement seront passibles des châtiments légaux, toutes les fois qu'ils commettront quelques délits contre les lois ou contre les mœurs. Mais ce que vous dites là n'est-il pas dit des milliers de fois dans le Code et par des millions de lois? Avez-vous besoin de redire ce qui est dit tant de fois? Avez-vous besoin de lois nouvelles? N'en avez-vous pas déjà trop? Est-ce que les hommes enseignants prétendent se mettre au-dessus de la loi et s'y soustraire? Est-ce qu'on prétend les y soustraire? Dans ce premier cas, votre mot surveillance n'a donc pas de signification ou vous feriez preuve de la plus triste ignorance. Le mot surveillance a donc une toute autre portée. S'agirait-il de ces lois préventives, criminelles de lèze-majesté intellectuelle et divine? Les anciens partisans du monopole auraient-ils changé de vue; seraient-ils inopinément devenus amis d'une liberté franche et sincère?

Mais ne sondons pas davantage les intentions; apprécions seulement la portée des termes. La liberté surveillée par l'Etat! ne dirait-on pas un forçat sortant des bagnes, mis sous la surveillance de la haute police? Mais n'est-ce pas bien pire? Il ne s'agit pas ici seulement de la surveillance de la haute et de la basse police, mais de la surveillance de l'Etat, de tout l'Etat, c'est-à-dire de tous les citoyens, de toute la société. Oserait-on dire d'un honnête homme qu'il est sous la surveillance de l'Etat. Si vous disiez que l'abus de la liberté sera sous la surveillance des lois et non de l'Etat, passe encore. On dirait une niaiserie, puisque chaque loi et toutes les lois ne punissent qu'un abus de liberté ; cela serait encore tolérable. Mais dire que la liberté même, la chose la plus légitime, la plus sainte en elle-même est surveillée par l'Etat, c'est un anachronisme qui choque toutes les fibres de l'âme et du cœur, c'est un non sens intolérable. Là se montre le joug de la tyrannie la plus honteuse et la plus pernicieuse. Vit-on jamais un coupable, un brigand, un scélérat livré à une pareille surveillance, à cette surveillance générale et universelle ? Qu'a donc fait cette pauvre et criminelle liberté d'enseignement pour être chargée d'une cangue si lourde ? Oh ! que ce mot de surveillance est gros de signification ; niaiserie donc que d'attendre la liberté d'enseignement de la part d'un gouvernement né de l'anarchie et mourant sous l'anarchie violente et dévorante.

Avions-nous raison de dire que la République, conçue par d'autres motifs que la liberté d'enseignement, n'accorderait jamais cette liberté ; que cette tâche était au-dessus de ses forces ; que sans cette condition elle n'avait aucune condition de vitalité. Donc la commission constituante confirme pleinement toutes nos prévisions. Car en proclamant le maintien de la République en dehors de cette condition, ne vient-elle pas de prononcer sa sentence de mort ? Le principe de tous les genres d'anarchie ne vient-il pas de nouveau d'être consacré ? Quelles luttes alors sanglantes n'avons-nous pas à attendre ? Si l'Assemblée constituante a le temps de confirmer ce premier arrêt, malheur à la République, si Dieu n'intervient.



NANCY, IMP. DE VAGNER.

www.ingramcontent.com/pod-product-compliance
Ingram Content Group UK Ltd.
Pitfield, Milton Keynes, MK11 3LW, UK
UKHW020451200726
13857UKWH00002B/665

9 782012 992801